朴寅煥

박인환 시인 (朴寅煥, 1926.8.15.–1956.3.20.)

박인환의 첫 시집이자 생전에 발간된 유일한 시집, 산호장(珊瑚莊, A5판. 240면)

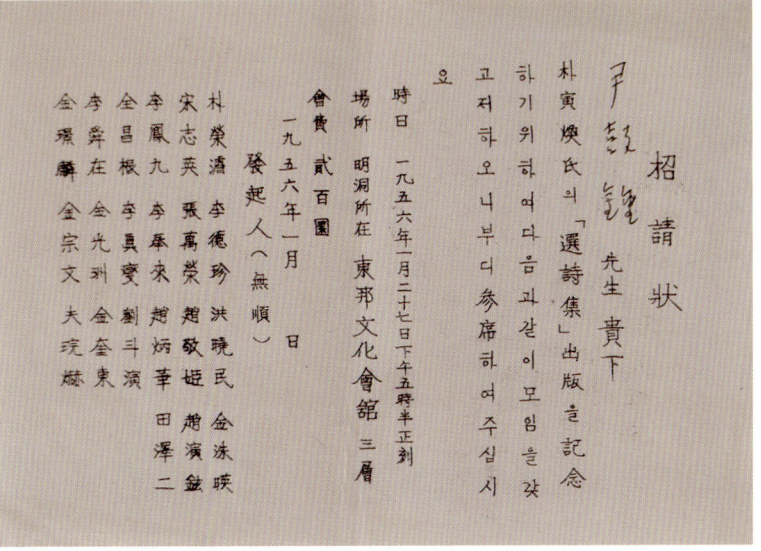

박인환 시인의 첫 시집인 『선시집』의 출판 기념회 초청장

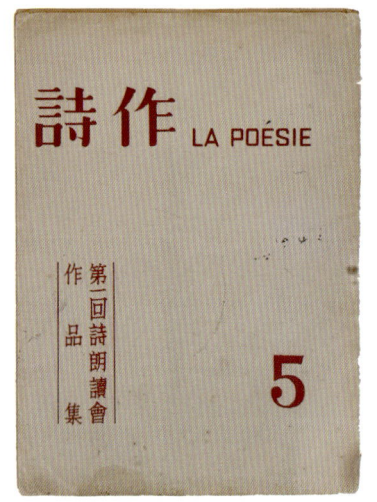
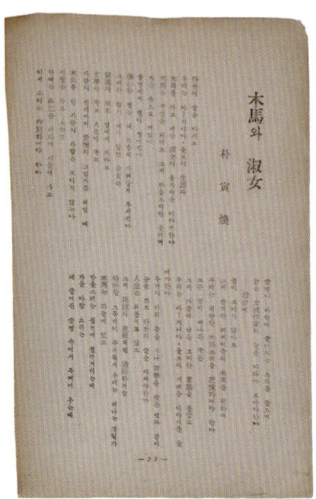

《시작》(1955.10)과 「목마와 숙녀」

박인환 시인의 20대 후반의 모습, 남산에서

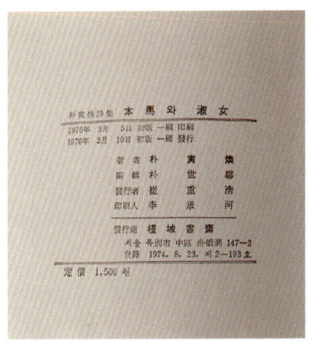

아들 박세형이 출간한 박인환 시인의 시집 『목마와 숙녀』(근역서재, 1976.3.10)

다시 찾은 명동의 〈동방싸롱〉 주변을 둘러보고 있는 박인환 시인

<〈남해호〉를 타고 떠난 미국 여행 중

1955년 『박인환 시선집』 출판기념회

출판기념회에서

 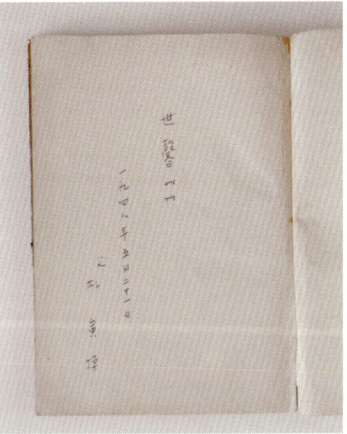

동인지 『도시와 시민들의 합창』과 동인지를 맏아들 세형에게 주면서 한 사인
(1949년을 1948년으로 오기함)

이정숙 여사와 결혼(1948년, 덕수궁 석조전)
(이정숙 여사의 집안이 이왕가계의 집안이어서 덕수궁 석조전에서의 결혼식이 가능했다.)

박인환·이정숙 결혼 사진

처삼촌 이순용 전 내무부장관과 함께

박인환 시인이 번역한 월라 카사의 『이별』 박인환 시인이 1/3 정도를 번역하고 돌아가시자 나머지 부분을 이정숙 여사가 번역하여 1959년에 출간하였다. 법문사(예술문고 8)

경기중학 입학 후 이모 가족들과 함께

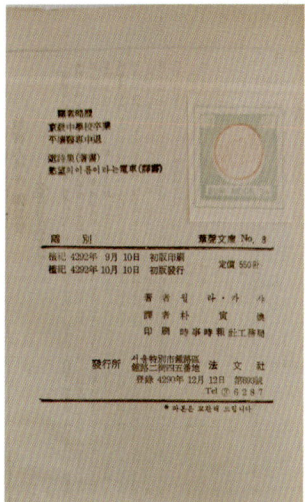

〈휘가로〉 다방 앞에서 박태진 시인과 함께

종군 기자 시절, 화천에서

1949년 봄, 장인과 함께

가족사진(가운데는 맏아들 세형)

중군 기자 시절

왼쪽부터 임호권, 이한직, 이흡, 박인환 / 〈마리서사〉 앞에서

박인환문학관 (강원 인제군 인제읍 인제로156번길 50)

박인환 시인의 묘 (망우리공원)

박인환 시인의 묘비 앞에서

박인환 시인의 삼남매
(왼쪽부터 세곤, 세형, 세화)

박인환 평전

윤석산 지음

지금 그 사람 이름은 잊었지만

도서출판 도훈

다시 책을 엮으며

지금 그 사람은 이름은 잊었지만

박인환은 1950년대를 전후하여 활동하던 시인이다. 그러니 70년 전, 지금과는 두 세대, 그 이상의 차이가 나는 시대의 시인이다. 박인환이 시인으로 활동을 하던 이 시기는 우리나라의 가장 어렵고 힘이 들던 시절이었다. 우리나라는 일제 강제식민지 생활을 막 끝내고, 채 5년이 되지를 않아 6·25라는 비극적인 전쟁을 겪은, 오랜 기간 동안의 침탈과 전쟁의 참화로 인하여 피폐할 대로 피폐해진, 어쩌면 이 지구상에서 가장 못사는 나라의 하나였었다.

그러나 가난하고 어려운 시대였지만, 시, 문학에의 열도는 어느 무엇과도 비교될 수 없이 높았었다. 사람들은 시를, 문학을 사랑했을 뿐만이 아니라, 소중하게 생각했었다. 비단 문학을 하는 사람뿐만이 아니라, 그 시대를 사는 사람들 대부분이 그랬다. 그래서 비록 시인들이, 문인들이 가난했어도 시를 쓴다는 그 사실 하나만으로도 스스로 자긍심을 가질 수 있었던 시절이 그 시절이었다.

명동을 중심으로 매일 같이 모여서, 비록 비린내 나는 아직 자반 한 마리를 안주로 구워놓고 막걸리를 마셨어도, 이들의 정신은 마냥 귀족이었다. 가난했어도 추구하는 세계는 남다른 고고한 세계라고 스스로 자부하였다. 그런가 하면, 자신을 새로운 세계를 창조하려고 노력하는 정신의 사람이라고 스스로 생각하였다. 이런 생각은 비단 문인들만이 아니었다. 일반인들도 시인이라고 하면, 문인이라고 하면 다시 쳐다볼 정도로 무언가 다른 사람으로 바라보곤 했다. 어느 날 술에 취한 한 문인이 열변을 토하다 그만 술잔을 놓쳐서 그 술잔이 옆 테이블의 사람에게 날아갔다. 그런데 그 사람들은 명동 일대를 주름잡는 건달들이었다. 술 벼락을 맞은 사람이 벌떡 일어나며 눈을 부라리며 덤비려 하자, 옆에 앉아 있던 사람이 말리며, "야! 임마, 저분들 시인들이야." 하며, "선생님들, 즐겁게 드시오." 했다는 일화가 있듯이, 그들은 시를 쓴다는 그 사실 하나만으로도 남다른 사람으로 대우를 받곤 했다고 한다.

지금은 어떤가. 모든 논리가 '부富 아니면 권력權力'에 집중되어 있다고 해도 과언이 아니다. 시는 시의 논리를, 예술은 예술의 논리를, 철학은 철학의 논리를, 종교는 종교의 논리를 지녀야 한다. 그러나 시도, 예술도, 철학도, 종교도 모두 부와 권력의 논리를 따른다면, 이 사회는 '부와 권력'이라는 획일적인 논리 속에 묻혀버리고 말 것 아닌가.

그래서 예술품도 그 예술적 가치보다는 그 가격이 얼마냐에 따라 평가되고, 예술가도 부와 권력에 의하여 이야기되고, 종교인도 어느 만큼 큰 교회나 절을 운영하는가에 따라 그 존경의 념念이 달라짐이 오늘의 현실이기도 하다. 그래서 그 누구도 부와 권력 앞에 줄을 서려고 암암리에 노력을 한다.

그런가 하면, '낭만'은 무슨 낯부끄러운 죄의 대명사 같이 돼버렸다. 이 현대라는 시대에 무슨 놈의 '낭만'이야! 찌질하게. 돈도 무엇도 되지 못하는 '낭만', 아무 짝에 쓸데없는 '낭만'.

그래서 시는, 문학은, 낭만은 어쩌면 참으로 어려운 지경이 되어 있는지도 모른다. 시를 쓰는, 문학작품을 표현하는 기교는 크게 향상되었는지는 몰라도, 이제는 사회적 관습이 된 '부와 권력'에 길들여진 시인들, 문인들이 득세를 하는 시대를 우리가 지금 살고 있는지도 모른다. 그러므로 시를 쓴다는 것도, 문학을 한다는 것도 실은 전혀 자긍심이 되지를 못하는 시대의 시인으로, 문인으로 살아가고 있는지도 모른다.

오늘 우리가 다시 박인환을 읽는 것은 다만 지나간 과거를, 잊어버린 지난날을 회상하기 위함이 결코 아니다. 지금은 사라진 우리의 시에의, 예술에의 열정을 박인환을 통해 다시 만나보기 위함이다.

비록 가난한 삶을 살았어도 박인환을 비롯한 당시의 시인들이 지녔던 시에의 열정은 그 무엇에 비교할 수 없었다. 오늘도 그렇지만, 당시는 더더욱 특히 '시'는 결코 돈이 되지를 못했다. 가난한 생활 속에서도 이들은 비록 돈이 되지를 못하는 '시'를 선택했으면서도 스스로 자긍심을 지녔다. 시에는 부와 권력과는 또 다른 가치와 세계가 있다고 믿고 확신할 수 있었기 때문이다.

40년 전 가까이에 출간했던 '박인환 시인 이야기'를 도서출판 〈도훈〉에서 다시 출간을 하자는 제의를 받고 원고를 꺼내 다시 읽어보았다. 해묵은 원고에서는 젊은 날의 치기가 보였다. 그러나 박인환의 삶과 문학을 다시 읽으면서 이 시대야말로 박인환의 문학적 삶이, 박인환의 시가 어쩌면 더욱 필요한 시대가 아닌가 생각하게 되었다.

세월이 많이 지나다 보니, 박인환에 대한 자료나 작품들이 그간 많이 발견되었다. 이러한 새로운 자료에 의한 필요한 부분들은 손을 보았다. 오래된 원고를 읽으며, 지금은 많이 무뎌진 젊었던 시절, 박인환의 문학적 생애와 시를 좋아했던 나를 다시 발견하곤, 불현듯 '낭만'이라는 말을 떠올렸다.

2022년 8월
남양 우거에서 윤 석 산

지금 그 사람 이름은 잊었지만
ⓒ 윤석산, 2022

지은이_ 윤석산

발행인_ 이도훈
편   집_ 유수진
교   정_ 김미애
펴낸곳_ 도서출판 도훈
초판발행_ 2022년 9월 9일

사무실_ 서울시 서초구 법원로3길 19, 2층 w109호
        (서초동, 양지원빌딩)
전   화_ 02) 595-4621, 010-6722-4621
팩   스_ 050-4227-4621
이메일_ flyhun9@naver.com
홈페이지_ http://dohun.kr

ISBN_ 979-11-92346-17-5 03810
정   가_ 18,000원

이 책의 표지는 첫 출품집인
〈영학출판사〉의 표지디자인을 인용하였습니다.

차례

제1장 러시아식 오버코트와 박인환 … 11

제2장 마리서사 시절 … 31

제3장 순수에의 열망 … 75

제4장 전쟁, 인간, 허무 … 105

제5장 술과 명동과 가난과 詩시 … 137

제6장 미지의 먼 항구, 그 불빛 … 169

제7장 죽음이라는 이름의 그림자 … 209

연보 … 260

주요 연구자료 목록 … 264

찾아보기 … 269

제1장

러시아식 오버코트와 박인환

제1장 러시아식 오버코트와 박인환

1. 러시아식 오버코트와 박인환

내가 대학을 다니던 시절, 지금은 돌아가시고 안 계신 나의 선생님으로부터 이런 이야기를 들은 적이 있다.

"지금 앉은 자리에서 우리나라 시인들의 이름을 열 명만 말해 보아라."

그때 우리는 이 느닷없는 질문에 어안이 벙벙했지만, 주억거리며 '김소월, 김영랑, 박목월, 서정주…' 등 머리에 떠오르는 대로 대여섯 명의 이름을 금방 주워섬길 수가 있었다. 그러나 일여덟 명째 가서는 잠시 생각을 하게 되고, 아홉·열 명쯤에 이르러서는 조금 더 생각한 연후에야 시인들의 이름을 말할 수 있었다.

그 당시 생존하고 있던 시인의 수가 줄잡아 400~500명은 됐다. 거기에다 작고作故한 시인까지 합하면 물경 600~700명에 가까운 수가 되었다. 가장 먼저 머리에 떠오르고, 그래서 술술 우리 입에서 그 이름이 불리던 이들이 바로 우리 의식 저 안쪽에 가장 깊이 자리하고 있는 시인들이 되는 것이다. 그런데 밤하늘의 별처럼 명멸했던 시인들의 이름, 그 많은 이름 중에서 불과 열 명의 이름을 대는 데도 우리는 한동안 생각을 해야만 했다.

우리의 현대시사現代詩史에 수많은 사람들이 시를 썼고 또 시인임을 자처했어도, 시를 읽는 독자들의 가슴에 자리하고 있는 시인들, 그리하여 언제고 자연스럽게 시인으로서 이름이 불릴 수 있는 시인들, 이는 진정으로 몇이 안 된다는 이야기가 되는 것이다. 이렇듯 자연스럽게 이름을 떠올릴 수 있는 시인들이란 물론 한 개인의 취향이나 관심에 의하여 좌우되는 경우가 대부분이겠지만, 여하튼 어느 경우에도 열 명 넘는 시인의 이름을 단숨에 열거하기는 어려운 것이요, 또한 우리 가슴에 자리한 시인의 숫자는 그리 많지 않은 것이 자명한 사실이었다.

이러한 사실들과 함께 생각할 수 있는 것은, 한 시인에 대한 연구의 전통적인 텍스트가 되는 것의 하나가 그 시인이 쓴 시 속에 잊어버리고 싶어도 잊어버릴 수 없는 시행詩行의 수가 얼마나 많으냐 하는 점이라는 사실이다. 우리 기억 속에 가장 강렬하게 남아 사라지지 않는 시구詩句, 바로 그것으로 우리는 그 시인의 이름을 더욱 잊지 못하고 우리 마음속에 깊이 묻어 두게 된다.

이렇듯 우리 가슴에 자리하고 있는 시구에 대체로 두 가지의 유형이 있다고 생각된다(물론 이들은 모두 공감이라는 심리적 과정을 통해 우리에게 강렬하게 다가온 것들이기는 하지만). 첫째는 철학적인 인식 바탕 위에서 인간의 존재를 새로운 각도에서 깨닫게 하고 각성시켜 주는 시행들이다. 예를 든다면 푸시킨(1799-1837)의 '삶이 그대를 속이더라도 그대는 슬퍼하거나 노여워하지 마라'라는 경구警句에 가까운 시행, 또는 윤동주(1917-1945) 서시序詩의 일절인 '죽는 날까지 하늘을 우러러 한 점 부끄럼이 없기를/ 잎새에 이는 바람에도 나는 괴로워했다'와 같이 인생의 진지한 일면을 떠올려 줌으로 해서 소중한 삶의 의미를 깨닫게 해 주는 시행들이 그 하나다.

둘째는 인간의 섬세한 감성感性을 울림으로 해서 닫힌 정서의 문을 열게 해 주고, 동시에 상상이라는 힘을 통해 미적美的인 환기를 가져다주는 것들이다. 예를 들어서, 박목월(1915-1978)의 '강나루 건너서 밀밭 길을 구름에 달 가듯이 가는 나그네', 또는 베를레르의 '하얀 달이 숲속을 비춘다… 나는 왔다, 조용한 고아… 하늘은 지붕 너머로 아주 푸르고 고요하다…' 등과 같은 것들이 이에 해당할 것이라 생각한다.

시인 박인환의 경우, 우리의 가슴에 남아 잊히지 않는 부분들은 대체로 앞의 것보다는 뒤의 것에 해당하는 시구들인 듯싶다. 그가 이 지상에 남긴 시행들, 특히 하나의 음각陰刻같이 젊은이들의 가슴에 그 짙은 그림자를 드리운 시행들. 이는 분명 우리의 잊혔던 사랑이며, 그 사랑과 젊음이 함께 어깨를 나란히 하고 지나던 도시의 어느 우울한 빌딩 밑이며, 그 빌딩에서 떨어지는 불빛을 받으며 서성이던 우리의 참담한 가슴들이다. 그러므로 우리는 그의 시를 읽으며 더없이 그리워지는 그 시절로 돌아가고 싶어 하는 것이 아니겠는가?

이렇듯 읽는 이로 하여금 가슴 미어지게 하는 시들은 특히 그의 만년晩年의 작품인데, 「목마와 숙녀」나 「세월이 가면」 등이 대표적이다.

한 잔의 술을 마시고

우리는 버지니아 울프의 生涯생애와

木馬목마를 타고 떠난 淑女숙녀의 옷자락을 이야기한다

木馬목마는 主人주인을 버리고 그저 방울 소리만 울리며

가을 속으로 떠났다 술병에서 별이 떨어진다

傷心상심한 별은 내 가슴에 가벼웁게 부숴진다

-「木馬목마와 淑女숙녀」부분

'한 잔의 술'과 '버지니아 울프의 생애'와 '가을 속으로 떠난 목마', 그런가 하면, 가슴에 와 가볍게 부서지는 '상심한 별…' 이러한 시행들을 읽으며, 우리는 박인환의 감상주의적 모습과 아주 친근하게 만나게 된다. 문득문득 그의 시행에서 묻어나는 센티멘털리즘, 그러면서도 이를 보다 새로운 감각, 즉 도시적인 감각으로 극복하고자 했던, 아니 극복이라기보다는 센티멘털리즘까지도 그의 시적 감성感性으로 포용하고자 했던 그의 시, 이것이 바로 가장 절실하게 우리 가슴에 남는 시인으로서의 박인환의 모습이다.

이러한 시인 박인환이 50년대라는 전쟁의 상흔이 생생하여 황량한 거리에서 가장 아프게 만나곤 했던 것이 바로 어둡고 슬픈 생애를 안쓰럽게 견디며 살아간 여류 소설가 버지니아 울프의 한 생애와 같은 강인한 슬픔, 또는 방울 소리만을 남기고 가을로 떠난 목마의 애절함, 그런 것이었다. 그러므로 그의 시에는 늘 도시의 우울한 음영陰影과 함께 인간으로서의 고독, 또는 '검은 준열峻烈의 시대'에 선 존재로서의 갈등과 번민이 드리워져 있는 것이다.

이러한 박인환의 시적 분위기와 함께 생각할 수 있는 것은, 그의 시에서 다름 아닌 우리 스스로의 모습을 발견하게 된다는 사실들이다. 사실 우리는 모두 '슬픈 방울 소리'만을 이 지상地上에 남기고, 저 조락凋落의 계절, 슬픔이 단풍같이 번지고 있는 계절, 그 가을이라는 시간을 향해 서서히 떠나가고 있는지도 모른다. 그러므로 우리의 현재는 아마도 현존하는 것이 아니라, 언제고 저 시간의 밖에서 방울 소리만을 듣고 있는 것인지도 모른다. 그렇다면 우리의 삶이란 우리 스스로가 세월을 지내 온 것이 아니라, 어쩌면 그 세월이 우리의 곁에서부터 도망치듯 떠나간 것이 아니겠는가. '세월은 가도' 언제고 우리의 가슴에 '옛날은 남아' 슬픈 방울 소리만을 들려주고 있음을 우리 스스로 목도하는 바로 그때….

박인환은 현존하는 현재를 보다 확연히 보려고 했던 시인이었다. 그러나 그 보려는 노력이 강하면 강할수록 그는 더욱 현재로부터 떠밀려가게 되고, '고독한 아킬레스처럼 불안의 깃발 날리는' 땅으로 떨어져 버리곤 했던 것이다. 그러므로 가장 고요한 밤, 이 적막 같은 천지天地에 누워, 가슴에 떨어지며 가볍게 부서지는 별들의 상심傷心한 마음, 박인환은 언제고 이런 것들을 숙명같이 받아들이며 한 시대를 살아간 시인이었다.

그는 흔히 세상에서 말하듯이 이 세상과 삶을 새로운 도시적인 감성으로 노래하려고 했던, 한 사람의 모더니스트였던 것이 사실이다. 그러나 그에게 더욱 중요한 것은 생生의 멋을 추구했다는 것, 이 삶이라는 경이로움에 시詩라는 하나의 화려한 의상을 걸쳐 줌으로 해서 더욱 빛나게 하려 했다는 사실이다. 그러므로 그가 남긴 일련의 시구와 그의 시인으로서의 모습은 많은 젊은이들에게 감명을 주게 되었고, 그것은 하나의 상흔傷痕과 같이 오래오래 남아, 잊으려고 해도 결코 잊을 수 없는 하나의 목마름, 바래지 않는 그리움의 원천이 되고 있다.

박인환에 대한 이야기는 대체로 그가 명동의 멋쟁이였으며, 술과 로맨티시즘에 젖어 집시처럼 유랑하던 시인이었다는 것이 주를 이룬다. 그런가 하면, 박인환은 1950년대라는 전후戰後의 거리, 폐허와 허무가 자조自嘲같이 어두운 그림자를 드리운 거리에서 아무런 이성적理性的 자제력도 없이 시와 술만을 이야기하다 죽어간 시인이었다는 것이 보편적으로 우리에게 알려진 이야기이다.

박인환이 멋쟁이였던 것은 사실이다. 훤칠한 키에 영화배우를 연상하리만치 잘생긴 얼굴, 항시 말끔한 중년 신사 차림을 하고 기분을 내며 명동을 활보하던 박인환. 그를 회상하는 글에서, 그의 다정했던 모든 친구들은 한결같이 입을 모아 그가 대단한 멋쟁이였으며 말끔한 신사였음을 이야기하고 있다. 그의 시우詩友였던 김차영의 말을 들어 보기로 하자.

그가 입고 다닌 양복은 외국산 고급 천에 일류 양복점의 라벨이 붙어 있었다. 한결같이 초콜릿색 계의 싱글로(그는 검정, 감색 등을 양복에선 별로 좋아하지 않았다) 넥타이도 늦가을에 농익은 홍시빛 단색, 검정 아니면 커피색 고급 양말, 주로 초콜릿색 구두. 이렇게 그의 날씬한 몸매에 착 어울리게 차린 모습이어서 어딘지 나이가 더 들어 뵈는 중년 초반의 빈틈없는 신사였다. 거기에 흐린 날은 손잡이가 묘한 검정 박쥐우산, 봄·가을엔 우윳빛 레인코트, 또 겨울엔 러시아 사람들처럼 깃이 넓고 기장이 긴 진회색도 검정도 아닌 중간색의 헐렁한 외투를 입고 다녔다.

이렇듯 그는 다소 지나치리만치 외모에 신경을 썼으며, 자신의 용모를 꾸미는 데에 많은 노력을 들였다. 일반적으로 정장을 즐기는 사람들은 심리적으로 자기 자신에게 자신이 있는 사람들이다. 박인환은 언제나 당당하고 또 자신감에 넘쳐 있었다. 그런가 하면 외모에 대한 이러한 자신감이 때때로 그를 나르시시즘으로 이끌어갔고, 나아가 이 나르시시즘의 한 반영은 그 스스로를 영화배우가 되고 싶어 하게끔 만들기도 했었다. 이러한 그의 일면과 함께, 그의 외모에 대한 집착의 일면을 다음과 같은 그의 불평투의 말에서도 생생히 느낄 수가 있다.

어서 겨울이 왔으면 좋겠다. 여름은 이게 뭐야. 통속通俗이고 거지지. 겨울이 빨리 와야 두툼한 홈스펀의 양복도 입고, 버버리도 걸치고, 머플러도 날리고, 모자도 쓸 게 아니냐.

모두 똑같이 노타이 차림으로 다녀야 하는 여름을 통속이라고 이야기하는 그에게서, 다른 사람과는 어떠한 형태로도 구별되고 싶어 하는 그의 변별의식辨別意識 같은 것을 엿볼 수 있다.

이러한 의식의 외적인 표현은 개개인이 모두 다르지만 대체로 두 가지 유형으로 나타나는 것이 일반적이다. 머리 모양도 마음대로 하고, 기괴한 복장, 남루한 복장을 걸침으로 해서 지저분하게 보이는 것이 그 하나다. 다른 하나는, 고급스러운 정장을 착용하는 등, 스마트하게 보이려고 노력하는 것이다. 물론 박인환은 후자에 해당한다. 그의 깔끔한 성품과 자신감 등이 그의 의상이나 구두, 양말까지 그 차림새에 있어 지나치리만치 멋을 내게 했지만, 사실 그는 그의 이러한 외양과 함께 어투나 행동에 있어서도 전형적인 멋쟁이의 모습을 지녔던 것으로 이야기되고 있다.

항시 좌중을 압도하는 언변이며, 조금은 오만스럽게까지 보이는 풍모, 그런가 하면 재치와 유머가 섞인 그의 청산유수 같은 말솜씨, 한 푼의 돈이 없어도 언제고 뜨거운 커피를 마시고 싶어 하고, 양주洋酒를 기분 내면서 마시고 싶어 하던 그의 댄디즘 dandyism적인 사고, 그러나 커피 한 잔도 비굴한 것은 마시지 않는 정신적 귀족의 모습, 이러한 것이 그의 말끔한 외모와 함께 그를 한 사람의 멋쟁이로 이야기하기에 충분한 것들이기도 하다.

그러나 박인환의 이러한 외양에 나타난 멋보다 더 중요하게 생각되는 것은 그의 내면에 자리한 멋이라고 해야 할 것이다. 그가 스스럼없이 내보이는 다소 귀족적이며 귀공자연貴公子然한 행태, 다시 이야기해서 좋아하는 사람과는 하루에도 몇 번씩 만나지 않고는 견디지 못하면서, 싫어하는 사람과는 이야기도 하려 하지 않는, 무시하고 아예 만나지도 않는, 까다롭다면 까다로운 이 일면이 바로 그러한 점이라고 하겠다. 즉 좋아하는 사람과 싫어하는 사람의 구분이 그의 정신 속에 가장 확실하게 자리하고 있을 뿐만 아니라, 그의 태도에도 명확하게 나타나곤 했던 것이다.

인간은 사회적인 관습에 의하여 자신이 품고 있는 타인에 대한 혐오감을 잘 드러내지 않는 것이 일반적이다. 그러므로 좋아하고 싫어함이 어떠한 결정적인 순간(예를 들어, 상대로부터 어떠한 치명적인 모욕을 당했다거나, 또는 어떠한 중요한 계기를 맞았다거나)이 아니면 거의 표명되지 않는다. 이러한, '좋은 것이 좋지 않느냐' 식의 태도로 인하여, 때때로 흐지부지한 웃음, 애매한 표정으로 인간관계는 호도糊塗되고, 우리는 그러한 태도에서부터 그 사람의 특징적인 아무것도 구하지 못하고 마는 것이 대부분이다. 이러한 면에서 볼 때, 좋아하고 싫어하는 구분이 확실한 박인환에게서 우리는 그의 특징적인 일면(그것이 좋은 점이든 나쁜 점이든), 다시 말해 그의 정신의 단순하고 직선적인 일면을 찾아낼 수가 있다.

이러한 박인환의 명백한 호오好惡 구분은 때때로 그를 오만스러운 사람으로 보이게 하는 요소가 되기도 한다. 실제로 그는 그의 외모에서부터 다소 오만스러운 면이 없잖아 있었다. 뿐만 아니라 싫은 부분들과는 결코 타협하지 않으려 한, 같은 맥락에서 자신의 시 세계를 고집스러우리만치 고집했던 그의 시인으로서의 면모, 이러한 것들이 그를 다소 오만한 사람으로 보이게 했던 요소가 되기도 한다. 그런가 하면, 그의 좌우 생각지 않는 거침없는 말투, 항시 연상年上의 사람들에도 '김 형', '박 형' 하며 동열로서 지내려는 태도, 또한 어떤 일(자신의 기분과 통하는 일)에든 항시 적극적으로 접근했던 그의 정신의 자유스러움, 박인환은 이렇듯 모든 일에 있어서 앞장을 선다는 것에서 쾌감을 느끼는 사람이었다.

이러한 그의 적극적이고 정열적인 태도는 간혹 그가 오만하고 무례하다는, 또는 다소 경박스럽다는 오해를 받기도 했던 요인이 된다. 우리의 전통적인 생활 습관에 있어, 간혹 적극적인 태도는 신중하지 못한 것으로 간주되는 예가 있기 때문이다. 그런가 하면, 언행일치言行一致의 미덕이 강조되는 우리의 유교적 사회 관습, 또는 눌변訥辯이 과묵함과 동일시되기 쉬운 우리의 사회적 관습으로 볼 때, 박인환은 신중하거나 또 듬직한 젊은이로 보이지는 않았을 것이다. 좋아하는 사람도 싫어하는 사람도 그의 기분에 따라(어떠한 현실적인 여건은 전혀 고려하지 않은 채) 좌우되었으며, 기분만 통할 수 있으면 그 사람의 어떤 단점이라도 다 제쳐 놓고 무조건 좋아할 수 있었던 그의 솔직한 일면이 항시 박인환의 인간적 면모를 이야기하는 중요한 요소가 되곤 한다.

이러한 박인환의 일면은 그를 회상하는 시인 김광균(1914-1993)

의 입을 통해서도 쉽게 확인되는 일이다.

 어느 날 나는 술이 반취半醉하여 계동桂洞 집 사랑에서 책을 뒤적거리고 있는데, 9시가 지나 손님이 느닷없이 찾아왔다. 손님은 박인환이었는데, 주기酒氣를 약간 띠고 있었다.
 박 청년은 앉더니 김기림은 영국 문학자 흄으로 치고 있는데, 김 선생은 우리나라에서 치면 영국의 어느 시인에 해당하느냐며, 영시인英詩人은 누구를 주로 읽고 있느냐는 질문을 하였다.
 나는 그날 밤 박인환에 대하여 그리 좋은 인상을 가지지 않았다.
 첫째, 약속도 없이 밤늦게 내 집 문을 두드릴 만큼 친교도 없었고, '김 선생' 소리를 듣는 것도 반갑지 않았고, 나는 영시英詩를 한 사람도 아닌데 '너는 영국 시인의 누구에 해당하느냐?'는 물음도 마땅하지 않았었다.

 이렇듯 박인환은 자신이 좋아하면 상대가 이를 받아들일지 어떨지 생각지도 않고 자신의 이야기를 해대곤 했다. '김기림(1908-?)을 흄이라고 치고, 김광균 선생은 영국 시인의 누구에 해당할 수 있느냐'는 식의 질문은 사실 어린아이 같은 질문이 아닐 수 없다. 그 발상 자체도 우스운 것이겠지만, 설령 그런 발상을 했다고 해도, 야밤에 이를 묻기 위해 남의 가정을 방문한다는 것은 더욱 어린아이 같은 일이 아닐 수 없다. 사실 현실에 처하여 이리저리

재며 살아가는 데에 익숙해진 어른들로서는, 이렇듯 불필요한(아무런 보탬이 되지 않는) 물음을 듣고 늦은 밤에 예고 없이 찾아오는 방문객까지 허용하기는 어려운 것이기 때문이다. 그러므로 김광균의 불쾌했던 인상은 당연한 것이 된다.

그러면 그 당시 그 물음이 늦은 밤에 별 친교도 없는 김광균의 집에까지 찾아가 물을 만큼 박인환에게는 절실했던 문제였을까? 이 이야기는 여러 방면에서 생각해 볼 수 있을 것이다.

우선 박인환 자신이 일방적으로 김광균을 아주 친근한 사람으로 상정하고 있었기 때문이 아닌가 짐작해 볼 수 있다. 김광균은 박인환이 당시 경영하던 〈마리서사〉라는 책방에서 잠시 인사만 받고 이내 잊어버렸지만, 박인환으로서는 이미 인사도 했고 또 자기소개도 충분히 되었다고 생각하여 스스로 가깝다고 생각했는지도 모른다. 그러므로 문득 떠오른 의문을 해결하고자 그를 찾아갔을 수 있다. 그런가 하면 평소에 김광균의 시를 아주 친근하게 생각했기 때문에 그렇게 행동을 했을지도 모르는 일이다. 여하튼 박인환은 김광균이 매우 가까운 사람이라고 자기 혼자 상정해 버린 것으로 생각된다.

다른 한편으로는 박인환 자신이 한참 영미英美 시인들에게 심취해 있던 때인지라, 아무 생각 않고 평소에 한 사람의 모더니스트로 존경하던 시인 김광균을 불쑥 방문하고, 또 좌우 생각지 않고 자신의 생각대로 질문을 했을 가능성도 있다.

이 두 가지 추리 중 어느 쪽에 해당하든, 또는 어느 한쪽에도 해당하지 않는다고 해도, 박인환은 자신이 생각한 것은 거리낌 없이 이야기해 버릴 만큼 대사회적對社會的인 면에 있어서 단순했던 것만은 분명하다. 그만큼 순수하기도 했던 것이다. 바로 이러한 단순함 속에서 우리는 박인환이 지닌 계산성 없는 사교성, 또는 좋아하고 싫어함을 명백하게 구분하는 성향 등을 확인할 수 있게 된다.

이러한 것과 함께 생각될 수 있는 것은, 인간 누구에게나 편재하고 있는 보편적인 특질이기는 하지만, 박인환에게 있어 자애본능自愛本能의 요소가 다른 누구보다 강했다는 점이다. 다시 말해 그는 자기편애自己偏愛 성향이 매우 강하거나, 또는 자신이 설정한 기준을 과신했던 사람이 아닌가 생각된다. 이러한 그의 면모는 후일 그의 가족에 대한 남다른 애정, 그가 소장하고 있는 책에 대한 애서가愛書家적인 모습으로 나타나기도 한다. 그는 자신에게 속해 있는 모든 것을 아끼고 사랑했을 뿐만 아니라, 이에 대해 하나의 자존지벽自尊之癖이라 할 만큼 높은 긍지를 가졌던 사람이기도 하다.

박인환의 이러한 일면을 고려해 볼 때, 그가 여느 시인들보다 스스로 시인임을 자랑스럽게 생각하고 시인으로서의 긍지를 최대한 누렸다는 것은 당연한 귀결이 된다. 왜냐하면 시인으로서의 길은 자신이 선택한 최선의 길이요, 의대를 중퇴하면서까지 자신이 쓰는 시는 어느 누구의 시보다 새롭고 또 훌륭한 것이라고 생각했기 때문이다. 그러므로 그는 항시 스스로가 한 사람의 시인이라는 사실을 매우 자랑스럽고 또 소중하게 생각했다.

그러나 그의 이러한 자기편애적인 모습, 나아가 자신이 뛰어난 시인이라는 긍지 등은, 부정否定을 통해 도달하는 부정의 미학, 부정의 가치를 획득하지 못하는 결과를 빚게 된다. 한 번쯤 자신의 생애나 자신이 하고 있는 일, 자신이 매료되고 있는 사실에서 한발 물러나 회의해 보고 부정하는 눈으로 들여다본다는 것은 또 다른 의미에서 중요한 일이 된다. 회의를 품고, 거부해 보고, 부정한다는 것은 자신이 집착된 상태에서 한 걸음 물러나 자신이 아직까지 보지 못한 보다 새로운 면을 보겠다는 노력의 하나가 된다.

그러나 박인환에게 있어서 특히 자신이 시를 쓴다는 사실에 대해 한 번도 회의나 부정을 하지 않았다는 사실은 그가 보다 다양한 실험 의식을 가진 모더니스트가 아니라는 점을 의미하는 것이기도 하다. 그러므로 그의 시가 지니고 있는 새로움은 입체적이었다기보다는 평면적인 것이었으며, 부정을 통해 이면裏面을 바라보고자 하는 또 다른 의식이 다소 부족했던 것으로 생각된다. 그러나 다른 한편으로 보면, 이는 바로 정직한 시의 면모를 보다 중요한 측면으로 생각했던, 그의 시인으로서의 성실성과 그대로 통하는 일면이라고 생각할 수 있다.

이러한 박인환의 시인으로서의 면모를 김수영(1921-1968)은 다음과 같이 매우 직설적인 말투로 이야기하고 있다.

나는 인환을 가장 경멸한 사람의 한 사람이었다. 그처럼 재주가 없고 그처럼 시인으로서의 소양이 없고 그처럼 경박하고 그처럼 값싼 유행의 숭배자가 없었기 때문이다.

우리가 피상적으로 알고 있는 김수영과 박인환의 관계는 서로 아끼고 독려하는 사이라는 것이다. 그러나 이렇듯 지독한 박인환에 대한 김수영의 혹평을 대하게 되면 다소 당황하지 않을 수 없다. 말수가 적고 큰 눈만 이리저리 굴리며 생각에 골몰하는 김수영의 눈에는 박인환의 재치와 달변이 다소 경박하게 보였을지도 모른다. 그런가 하면, 항시 자신의 시에 대한 회의, 자신이 처해 있는 현실과 괴리되는 문학을 부정하고자 했던 김수영에게 있어, 아무런 회의나 부정 없이 시를, 문학을 받아들였던 박인환이 시인으로서의 자질이나 소양이 없어 보였을 수도 있다.

실제로 김수영과 박인환은 살아생전에 서로 다른 견해로 항시 말다툼을 했다고 한다. 그러나 이들의 언쟁에서 언제고 먼저 입을 다물어 버린 사람은 김수영이었고, 외적으로 언쟁에서 이긴 것처럼 보이는 사람은 박인환이었다고 한다. 그러나 그것은 누가 이겼다 졌다의 문제가 아니라, 서로 자신의 성향대로 끝을 맺은 것에 불과한 것이다. 그러므로 늘 박인환은 박인환대로 자신의 견해가 김수영을 눌렀다고 생각하고, 김수영은 김수영대로 박인환의 이야기가 도대체 말도 안 된다고 생각했던 것이다. 이러한 결과가 발생하게 된 것은, 자신이 처해 있는 현실을 긍정적으로만 보고자 하는 박인환과 자신이 처한 현실을 부정적으로 보고 있는 김수영의 차이 때문이 아닌가 생각한다.

　그러나 박인환이 시인으로서의 자신을 소중하게 생각하고, 항시 시라는 예술에 전 생애를 투여하고자 했던 정신만큼은 높이 평가되어야 할 줄로 믿는다. 자신이 하는 일에 대하여 어떠한 이유에서고 긍지를 갖지 못한다는 것은 불행한 일이 아닐 수 없다. 이런 면에서 볼 때 박인환은 행복한 사람이다. 마지막까지 자신이 쓰는 시를 천부天賦의 것으로 여기고, 시를 쓰는 일을 가장 신성하고 자랑스러운 작업으로 생각할 수 있었다는 것은 그에게 있어 매우 다행스러운 일이기도 하다. 또한 바로 이러한 박인환의 면모가 많은 젊은이들의 가슴에 그를 자리할 수 있게 한 중요한 이유가 되기도 한다. 아무런 조건이나 계산 없이 순수한 정열로 문학을, 시를, 예술을 자신의 소중한 삶으로 받아들이고 거기에 자기의 전부를 내던질 수 있었던 점이 바로 오늘도 그리고 내일도 시인 박인환을 이야기할 수 있는 가장 중요한 이유가 된다.

　그런 점에서 그의 외모의 멋스러움이란 것도 궁극에 있어서는 그가 지니고 있는 긍정적인 정신의 한 외적인 표현이었다고 생각할 수 있다. 항시 자신의 시나 자신이 시인이라는 점을 자랑스럽게 생각했듯이, 그는 그의 외적인 모양도 모더니스트답게 항시 단정하고 멋있어야 한다고 생각했던 것이다. 다시 이야기해서, 내재적인 정신의 면모를 외모에까지 나타내려고 했던, 전형적인 댄디스트였다고 이야기할 수 있다.

또 다른 측면에서의 유추도 가능하다. 그의 엄격한 외모 중시 성향은 1950년대라는 전쟁과 허무, 우울한 음영이 자조自嘲같이 드리운 시대에서 스스로 모더니스트로 자처하는 내면적 공허를 달래기 위한 화려한 허세虛勢의 가면이었는지도 모른다는 것이다. 원서동苑西洞에서의 어린 시절부터 박인환과 가까웠고, 또 그에게 많은 영향을 준 것으로 알려진 초현실주의 화가(비록 그는 일생 동안 초상화밖에 그리지 못했지만) 박일영이 입에 달고 다니던 '이 속(속세)에서는 얄팍한 가면假面이라도 쓰고 다녀야 해'라는 말과 같이, 박인환은 세상과 또 나아가 자신의 내면까지도 속인 채 우울한 시대를 암울하게 살아가는 허세의 가면으로 외모를 말끔하게 차렸는지도 모른다. 아무튼 박인환의 외양에 나타나는 멋이 결코 한낱 겉치레가 아닌 자신의 보다 면밀한 내면을 여과하여 나타난 표현임을 알게 될 때, 이는 우리에게 많은 긍정적인 면을 시사하는 것이 된다.

'인간은 소모품, 그러나 끝까지 정신의 섭렵涉獵을 해야지' 1956년 3월 17일 〈이상李箱 추모의 밤〉에 그의 친우 이진섭에게 종필從筆로 써 준 이 글을 보더라도, 그가 얼마만큼 치열하게 내면의 멋스러움을 위해 자신을 채찍질했는가를 알 수 있다. 그런가 하면, 시를 쓴다는 것이 바로 그 자신이 사회를 살아가는 데 있어서 가장 의지할 수 있는 마지막 보루 같은 것이라고 박인환은 늘 버릇처럼 이야기해 왔었다.

한 시인으로서의 치열함, 끝없는 정신의 섭렵. 그의 시가 한 편의 훌륭한 시로 우리 문학사文學史에 기술될 수 있든 혹은 그렇지 못하든, 우리는 이 두 가지 요소만으로도 시라는 예술에 전부를 걸었던 박인환의 생애는 실로 훌륭했다고 이야기할 수 있다. 아니, 그는 한 사람의 시인이기 전에 치열한 정신의 섭렵자이자 1950년대라는 황량한 거리를 서성이며, 사랑이라는 시가cigar를 멋있게 피워 물 줄 알았던 한 사람의 모더니스트였다.

박인환, 그는 실로 그의 외양에만 러시아식 오버코트를 걸친 것이 아니라, 그의 정신에도 항시 깃이 넓은, 그래서 멋있고 두툼한 러시아식 오버코트를 걸치고 있었던 시인이다. 사랑과 정열, 감격이라는 이름으로 삶을 채워갔던 이 시대의 마지막 보헤미안의 모습과도 같이….

제2장

마리서사 시절

제2장 마리서사 시절

1. 의학과 문학

시인을 우리는 흔히 '천형天刑의 죄인'이라고 말한다. 하늘이 내린 벌을 받는 사람. 시라는 예술 작품이 곧 인간의 고뇌와 갈등의 소산所産이기 때문에 붙여진 이름이기도 하다.

이러한 말을 입증이나 하듯이, 우리의 초창기 신문학사를 점거한 많은 문인文人들의 생활은 가난했고, 또 그들의 생애는 불우했다. 한국 단편소설의 금자탑을 세운 춘사春士 김동인(1900-1951)은 불면증으로 시달리며 수면제를 장기 복용해야 했으며, 젊은 낭만파 시인 고월古月 이장희(1900-1929)는 신경쇠약으로 고생 끝에 29세라는 젊디젊은 나이에 문득 음독자살을 하고 말았다. 그런가 하면, 우리에게 너무나 잘 알려진 소월素月 김정식(1902-1934)은 거듭되는 실패와 가난, 그로 인한 가벼운 정신이상 등으로 32세라는 아까운 나이에 스스로 목숨을 끊었고, 1930년대에 천재적인 문명文名을 날렸던 이상(1910-1937)과 김유정(1908-1937)은 폐결핵으로 변변히 약 한번 써 보지 못한 채, 30이 안 되는 젊은 나이에 요절하고 말았다.

우리 신문학 초기에 있어 젊은 나이에 가난과 병마로 시달리다 그 고생스러운 생애를 마친 문인들은 그 밖에도 상당한 수에 이른다. 선병적인 체질과 무절제한 생활, 신경질적인 내적 소모, 예민한 신경, 그런가 하면 어디에고 구속되거나 또 규격화되기를 거부하는 이들의 자유분방한 기질, 자신의 내면과 미끄러지듯 괴리되는 현실, 이 현실과 타협하지 못하는 성격 등에 의해서 빚어진 결과이기도 하다.

특히 이러한 현상이 많았던 1920년대에 춘원春園 이광수(1892-?)는《창조》8호에 다음과 같은 글을 발표하게 된다.

> 근래에는 문사文士라 하면, '학교를 졸업하지 말 것', '물론 술, 붉은 술에 탐닉할 것', '반드시 연애를 담談할 것', '두발과 의복을 야릇이 할 것', '신경쇠약성, 빈혈성 용모를 가질 것', '불규칙, 불합리한 생활을 할 것' 등의 속성을 가진 인간을 의미하게 되었습니다.

이렇듯 우리 문단에 만연한 문화병文化病, 빈곤병貧困病은 당연한 이야기처럼 일반인의 입에 오르내리게 되었고, 많은 사람들의 생각 속에서 문인은 광기狂氣 어린 무능력자로 인식되기도 하였다. 나아가 문인은 일정한 직업도 가질 줄 모르는 사람이며, 가난하고 불우한 생애를 사는 사람인 양 이야기되어 왔다.

사실 이러한 현상은 바로 우리가 겪은 시대적인 불행이기도 하다. 그러나 가난에 쪼들렸던 우리의 부모들은 이러한 시인들의 이야기를 풍문같이 듣고, 시인이 되고 싶어 하는 아들을 타이르며 말린다. "시인이 되면 가난하다고 하더라. 가난할 뿐만 아니라 일찍 죽는다더라. 그러니 너는 시인이 될 생각은 아예 말아라. 시인이 되지 말고 의사나 검사가 되면 얼마나 좋겠니. 대학은 상대나 법대, 공대나 의대에 가도록 해라." 이러한 간곡한 부모들의 이야기가 시인이 되고자 하는 젊은 날의 꿈을 언제고 무겁게 눌러오곤 했었다.

어려서부터 영특했던 박인환도 처음에는 평양의전에 입학했다. 지금도 그렇지만, 빼어난 수재들만 들어갈 수 있는 국립의과대학에 입학한 것이다. 집안의 장남으로 모든 기대를 한 몸에 모았던 그는 아버지의 간곡한 권유에 의해 의학醫學을 공부해서 의사가 되기로 했던 것이다. 박인환이 시를 쓰고 시에 관심을 갖기 시작한 것은 중학교를 다니던 어린 시절부터였다. 그러나 그의 부친 박광선朴光善 역시 당시의 일반적인 부모들처럼 문학을 하는 아들을 이해하려 하지 않았다. 박인환의 아버지는 아들에 관하여 다음과 같이 술회하고 있다.

사실 안 된 말이지만, 죽기 전까지 문학을 하는지 뭘 하는지 몰랐다. 나는 그가 의사나 교사가 될 것을 강요하고 있었다. 일 년을 다니다 만 것이었지만 평양의전平壤醫專을 들어가게 된 것도 그런 의미가 있었다.

박인환은 1926년 8월 15일 강원도 인제군 인제읍 상동리(江原道

麟蹄郡 麟蹄邑 上東里) 159번지에서 아버지 박광선(밀양 박씨)과 어머니 함숙형(咸淑亨, 양근 함씨) 사이의 4남 2녀 중 맏이로 태어났다. 그가 태어난 상동리 마을은 소양강昭陽江의 원류를 이루는 강가의 마을이다. 그리 궁색하지 않은 토지와 면사무소에 다니는 아버지 밑에서 별 어려움 없이 자라난 그는 어려서부터 재기가 넘치고 활발한 성격을 지녀 남과 어울리기를 좋아했다고 한다.

이렇듯 어린 시절을 향리鄕里인 강원도 강가 마을에서 자란 박인환은 서울이라는 도시에 와서도 늘 고향의 아름다운 산천을 생각하곤 했었다. 특히 어려서부터 얼굴이 귀골스럽게 생겼고, 또 머리가 좋았던 그는 항시 집안의 귀여움과 기대를 함께 받으며 자라났다.

박인환은 여덟 살 나던 해인 1933년에 고향인 인제에서 공립보통학교에 입학했다. 어린 박인환은 먼 길을 걸어서 면 소재지에 있는 학교에 가야 했고, 어린 아들이 멀리까지 학교를 다니는 것이 안쓰러워 어머니 함 씨는 종종 아들을 데리러 학교까지 마중을 가곤 했다. 어머니 함 씨는 관절염을 앓아 다리를 조금 절었다. 교정에서 수업이 끝나기를 하염없이 기다리고 있는 어머니의 모습을 보고 박인환은 늘 안쓰러워 가슴이 아팠다고 한다. 그러나 항시 명랑한 소년인 그는 조금도 이를 내색하지 않고, 어머니와 손을 잡고 먼 길을 걸어 집으로 돌아오곤 했다고 한다. 이렇듯 그는 자신의 안쓰러운 슬픔을 안으로만 간직할 줄 아는 소년이기도 했다.

후일 그는 이러한 어린 시절의 기억을 「전원田園」이라는 시에서 다음과 같이 노래했다.

> 절름발이 내 어머니는
> 朔風삭풍에 쓰러진
> 고목 옆에서 나를
> 불렀다.
> 얼마 지나
> 부서진 추억을 안고
> 염소처럼 나는
> 울었다.

상동리의 마을을 돌아 흐르는 작은 강이며, 그 강가에 쭉쭉 서서 건강한 잎들을 바람에 나부끼는 미루나무들, 겹겹이 싸인 산 위로 피어오르는 구름들…. 이러한 시골에서 자라던 그는 열한 살 되던 해인 1936년에 부친을 따라 서울로 올라오게 되었다.

그 무렵 아버지는 면사무소를 그만두고 강원도와 도시를 다니며 산판을 했다. 그러면서도 아버지 박광선은 머리가 좋고 똑똑한 아들 인환을 서울에서 공부시키고 싶었고, 그래서 서서히 서울로 생활의 터전을 옮기기로 마음을 먹었다. 온 집안 식구가 같이 서울로 올라간 것이 아니라, 먼저 아버지가 올라가 자리를 잡고 가족들을 한 사람씩 서울로 올라오게 했다. 이때 열한 살짜리

초등학생인 박인환은 어머니가 사 준 버스표만 들고 인제라는 먼 강원도 두메산골에서 아버지가 살고 있는 서울의 내수동內需洞을 혼자 찾아왔다. 아침에 길을 떠나 그날 저녁 7시에 서울집을 찾아 들어갈 만큼, 그는 어린 소년답지 않은 구석을 어려서부터 지니고 있었다. 인제에서 버스만 태워 주면 춘천에서 기차를 바꿔 타고 성동역(지금의 청량리 미도파백화점 자리)에 내려 아버지가 계신 종로구 내수동까지 찾아갈 만큼 당돌하고 영특한 소년이었던 것이다.

 그렇게 해서 그의 모든 가족이 서울로 이주를 하게 되고, 박인환은 편입시험을 치르고 덕수공립보통학교에 4학년으로 입학하게 되었다. 특히 기억력이 좋은 그는 서울의 학교에서도 늘 우수한 성적을 받았고, 그 사이 내수동 집에서 원서동苑西洞 134번지로, 다시 같은 동 215번지로 이사하였다. 그렇게 해서 박인환은 비원祕苑 담을 옆으로 끼고 전형적인 서울의 한옥이 줄을 맞추어 들어서 있는 원서동에서 소년기를 보내게 되었고, 열네 살 되던 해인 1939년에 5년제 경기공립중학(현재의 경기고등학교)에 입학하게 되었다.

 경기공립중학에 다니기 시작하면서 박인환은 시와 영화에 관심을 갖게 되고, 원서동의 한적한 골목을 지나 계동桂洞, 안국동安國洞을 돌아 경기중학교까지 도보로 통학을 하면서 그는 시를 중얼거리고, 문학과 영화에 관한 예술적인 사색을 하기 시작했다. 즉 박인환은 그 무렵부터 시인으로서의 꿈을 키우기 시작했던 것으로 생각된다. 일어日語로 번역된 세계문학을 밤이 깊도록 읽었고, 일본의 상징파象徵派 시인들을 비롯한 현대시 그룹의 많은 시인들의 시, 또는 몽마르트르에 모이던 전후戰後 프랑스의 젊은 예술가들에 대한 책들, 스티븐 스펜더(Stephen H. Spender, 1909-1995), 오든(W.H Auden, 1907-1973)을 비롯한 영미英美 현대 시인들의 시를 닥치는 대로 읽어 나갔다. 후일 그의 시에 지대한 영향을 미치는 서구의 많은 시인들의 작품을 그는 소년기에 깊이 탐독하고 있었다.

다소 여유가 있었던 생활이라 그의 아버지는 아들에게 조금은 넉넉한 용돈을 줄 수 있었고, 소년 박인환은 이 용돈을 모아 아낌없이 책을 사들이게 되었다. 특히 어린 시절부터, 서른여섯이라는 젊은 나이에 자살한 일본의 아쿠타가와(芥川, 1892-1927)의 작품과 생애에 깊이 몰입해 있었다. 그 영향으로 아쿠타가와 같은 천재는 일찍 죽을 수밖에 없으며 자신도 요절할 것이라는, 자신의 천재의식을 조금씩 키우기도 했던 것이다. 이러한 이야기는 후일 그의 다정했던 친구들에게 늘 입버릇처럼 하던 이야기였다고 한다.

이렇듯 문학과 예술에 조숙한 눈을 뜨기 시작한 박인환에게 또 하나 지울 수 없는 것이 있으니, 그것은 그의 영화에 대한 관심이다. 특히 프랑스의 시인이며 소설가, 극작가, 초상화가, 삽화가, 포스터 디자이너, 도기陶器 제조자, 벽화 장식가, 영화 제작자, 재즈 연주가 등의 수많은 이름으로 불릴 수 있는 장 콕토를 매우 좋아하게 되었다. 나아가 자신도 장 콕토(Jean Cocteau, 1889-1963)와 같은 생애, 시도 쓰고 문화비평도 하고 영화감독도 하겠다는 꿈을 지니기 시작했다. 이러한 경향이 후일 그로 하여금 영화 평론을 쓰게 하고, 1953년에는 환도還都한 서울에서 이봉래, 유두연 등과 함께 〈영화평론가협회〉를 만들게 했던 것으로 생각된다. 그런가 하면, 영화에의 깊은 탐닉은 그를 경기중학교로부터 중도에 자퇴하게 하는 직접적인 원인이 되기도 한다.

당시는 학생들이 영화관에 자유롭게 출입할 수가 없었다. 영화관에 출입하다가 적발이 되면 학교로부터 정학이나 근신의 처벌을 받기도 하였다. 이러한 문제로 인하여 경기중학을 그만둔 그는 한성학교漢城學校 야간반으로 전학하여 잠시 다니다가, 아버지의 친지가 있는 황해도 재령載寧에 가서 명신중학교에 시험을 치르고 4학년에 편입하게 된다. 이때가 그의 나이 17세가 되는 1942년이다. 보다 성숙해진 그는 기독교 재단인 명신중학교를 다니며, 사업 관계로 자주 들르는 아버지로부터 "머리가 좋은 너는 의사가 돼야 한다."는 이야기를 거의 버릇처럼 듣게 되고, 마침내는 1944년 명신중학교 졸업과 동시에 관립평양의학전문(3년제)에 입학하기에 이른다.

세계를 향한 자신의 정체성에 대해 서서히 눈뜨기 시작하는 청소년기, 그는 반짝이는 감성의 눈을 뜨면서부터 어둡고 암담한 그리고 때로는 냉혹한 현실을 인지하기 시작했다. 문학에 심취하는 아들을 이해하려 하지 않는 아버지. 그런가 하면, 우리의 말과 글을 쓸 수 없는 식민지 시대의 말기末期를 맞이한 문학도文學徒

의 어두운 현실. 이런 것들이 박인환에게는, 더구나 문학을 지향하는 한 젊은이로서는 암담한 현실이 아닐 수 없다. 그러므로 그는 아버지의 권유에 따라 평양의전을 선택하게 되었고, 의과대학의 학생이 되었다. 그러나 의학이라는 지극히 논리적이고 딱딱한 학문이 도저히 성향과 맞을 수 없었고 흥미마저 없었던 것이 사실이다.

의대 진학 후에도 그는 결코 문학, 예술에의 열망을 버릴 수가 없었다. 버릴 수 없었다기보다는 그 역逆의 방향에서 더욱 강렬하고 집요하게 그를 끌어당기고 있었던 것이다. 그러므로 일 년 정도의 평양의전 시절에 그가 주로 읽고 사들인 책은 그의 전공과는 관계없는 문학 서적들이었다.

박인환이 책을 좋아하고 아끼는 것은 너무나도 유명한 이야기이다. 평양의전을 다니기 전, 경기중학교를 다니던 시절부터 그가 용돈을 아껴 책을 사들였다는 이야기는 앞에서 한 바 있지만, 그는 거의 광적으로 책을 사들이고, 그 책들을 애지중지하며 보관했던 것이다. 이러한 그의 책들이 훗날 〈마리서사〉를 차릴 때 중요한 전시 품목이 되었던 것이기도 하지만, 책을 아끼고 꼼꼼히 정리하고 보관하는 그의 모습은 평상시 활달하고 외향적인 성격과는 너무나도 대조가 되는 일면이기도 하다. 박인환의 이러한 책에 대한 정성은 후일 그의 죽음을 추모하는 글에서 선배 시인인 장만영(張萬榮, 1914-1975)이 다음과 같이 증언하고 있다.

신간 서적 이야기가 났으니 말이지, 그는 보기 드문 애서가愛

書家이기도 하였다. 양으로는 대단치 않았으나 책을 다루는 품이 이만저만한 애서가가 아니었다. 이 회고담이 실릴 현대문학만 하더라도 손때가 묻지 않도록 유산지나 셀로판지에 씌워 가지고 다녔다. 그만큼 그는 결백한 면을 기질적으로 가지고 있었다고도 말할 수 있다.

그가 지닌 정신의 결백성과 직결될 수 있는 그의 애서가적인 면모는 사실 그가 얼마만큼 지적知的인 탐독을 위해 많은 노력을 들였는가를 엿볼 수 있는 단초端初가 되기도 한다. 생활환경의 변화라는 이유 때문이기는 하지만, 인제보통학교에서 서울 덕수보통학교로의 전학, 자의가 아닌 타의에 의한 경기중학교 중퇴, 그런가 하면 자신의 문학적 열망이 그 주된 원인이 되고 있지만 평양의전 중퇴 등은 그 역의 방향에서 박인환이 보다 많은 지식의 탐구에 매달리는 계기가 되었음을 우리는 알 수 있다. 박인환이 지닌 수재의식秀才意識과 아울러 항시 남들보다 한 걸음 먼저 딛겠다는 선두의식先頭意識은 그의 중퇴라는 학력에 항시 남다른 채찍질을 가했던 것으로 생각된다.

박인환의 선두의식은 다음과 같은 일화 속에서 쉽게 발견된다.

박인환의 실제의 나이가 밝혀진 것은 그의 장례식에서였다. 그의 위패에 모셔진 '병인생丙寅生'이라는 간지에 의해서 비로소 그의 본 나이가 친구들에게 알려진 것이다. 그때서야 밝혀진 사실이지만 그는 항시 자신의 나이보다 네다섯 살 많은 사람들과 친구로 사귀었고, 그들에게 자신의 나이를 네다섯 올려서 말했다. 그러므로 그가 죽는 날까지 나이가 실제보다 네다섯 많은 것으로 알았던 친구도 적지 않았다. 이는 박인환과 같이 활동하던 친구들의 약력을 조사해 봐도 금방 밝혀지는 사실이다. 같은 〈후반기〉 동인이었던 김경린, 김규동, 김차영 등이 모두 박인환보다는 네다섯 살 위의 나이들이 된다. 그러나 이들은 모두가 그의 본 나이를 몰랐고, 그가 죽은 이후에 비로소 알게 되었다고 한다.

그러면 박인환은 왜 자신의 나이를 올려서 말하고 다녔을까? 그와 가까운 많은 사람들의 말을 빌리면, 스무 살이라는 젊은 나이에 문단에 데뷔하기 위해서였다고 한다. 물론 표면적으로는 가장 합당한 이유가 될 수 있는 이야기이다. 그러나 이를 보다 면밀히 살펴보면, 이러한 행위 속에는 박인환의 선두의식이 남달리 강하게 작용하였음을 알 수 있다. 실제로 박인환은 자신과 동년同年으로 지내야 했던 사람들로부터는 '선생님' 소리를 들었고, 자신이 선배로 대해야 할 연배들과는 친구로 지냈었다. 사실 사회생활에서 어떤 의미로는 나이가 별 중요한 구분의 기준이 되지 못하는 것이지만, 선·후배 구분이 엄격한 문단에서 동년배들보다 앞선 걸음으로 간다는 것은 여간해서 어려운 일이 아닐 수 없다. 장유長幼의 차서次序가 분명한 한국 문단의 실정을 볼 때도 이는 더욱 그러하다. 그러므로 자신의 연령적인 장애(나이가 몇 살 적다는)를 이겨내고, 자신의 취향에 맞는 모더니즘 그룹과 같이 활동하기 위해서는 어쩔 수 없이 나이를 몇 살 더 올릴 수밖에 없었던 것이 박인환의 실정이었을 것이다.

이러한 일면을 보더라도 분명 박인환에게는 선두의식이 있었다. 이러한 선두의식이 그를 다소 침착하지 못하고 버릇없는 젊은이로 보이게 한 요인이 되기도 했지만, 이러한 의식은 곧 그의 지적 탐구에 남다른 노력을 가하게 했던 것이다. 그의 노력은 사실 대단한 것이었다. 특히, 그의 지적 탐구의 노력은 문학을 향한 예술적 충동을 충족시키기 위한 노력이었다. 스티븐 스펜더, 오든 등의 영미시英美詩를 읽기 위해서 그는 독학으로 영어를 공부했다. 그런가 하면, 환상적이리만치 그의 마음을 끌리게 했던 몽마르트르의 예술가, 그들의 예술적 세계를 알기 위해서 늘 불어佛語 암기장을 지니고 다녔다. 박인환은 자신의 전문학교 중퇴라는 이력을 이러한 노력을 통해 극복하려 했고, 또 그러한 일탈을 통해 예술적 충동을 발산하곤 했던 것이다.

그러므로 비록 일 년이라는 짧은 시절이지만, 그가 의대를 중퇴했을 무렵 그에게 남은 것은 의학 수업을 위한 서적이 아니라 수백 권의 문학 서적이었다. 그는 집안의 모든 반대, 현실적인 중압감을 물리치고 스스로 천형天刑의 길, 시인의 길을 택했던 것이다. 1950년대, 전쟁과 또 가난과 허무가 유행처럼 출렁이는 거리에서 한 사람의 개성 있는 모더니스트, 감격과 정열로 사랑을 노래하기 위해 그는 스스로 평양의전을 그만두었던 것이다.

그는 에테르 냄새 풍기는 의사이기보다는 사랑과 정열의 냄새를 물씬 풍기는 시인이기를 원했다. 바람 부는 거리, 목마의 슬픈 방울 소리가 가을 잎같이 떨어져 쌓이는 거리에서 옷깃을 세워 올리는 천형의 죄인이 되는 길을 선택한 것이다.

2. 마리서사

〈마리서사〉는 조국 광복 후 의대를 그만둔 박인환이 문을 연 서점의 이름이다. 종로3가에서 낙원동으로 들어가는 골목 입구에서 동대문 방향으로 조금 내려온 곳(정확하게 이야기해서 골목 초입에서 동대문 쪽으로 세 번째 집)에 박인환은 마리茉莉라는 예쁜 이름의 책방을 하나 차리게 되었다. 서가는 그가 평소에 즐겨 모았던 책들과 아버지와 이모의 도움을 받아 새로 사들인 책들로 채워 넣었다.

〈마리서사〉라는 한글 고딕체의 도안 글씨를 출입문 왼쪽의 진열장에 써 놓았고, 오른쪽의 진열장에는 'LIBRAIRIE MARIE'라는 고딕체 글씨와 함께 불어佛語 표기로 〈문학〉, 〈시〉, 〈연극〉, 〈예술〉 등을 나타내는 명조체 글씨가 씌어 있는, 꽤 모던한 외양의 책방이었다. 그런가 하면, 좌우 진열장 위에는 〈茉莉書肆마리서사〉라는 입체적인 글씨가 커다랗게 나무로 만들어져 붙어 있어 더욱 책방의 모양을 내고 있었다.

이러한 서점의 장치는 초현실주의 화가 박일영에 의해서 꾸며졌다. 또 좌우 진열장에는 서적에 대한 광고문, 안내문 따위가 박인환 자신의 글씨로 쓰여 붙어 있었다. 진열장의 한가운데 조금 들어가 있는 책방의 쪽문을 밀고 들어서면, 날렵한 꿩 깃털같이 좌우로 삐친 수염을 달고 있는 살바도르 달리(Salvador Dali, 1904-1989)의 사진이 초현실주의라는 현대성에 경도된 박인환의 한 단면과도 같이 걸려 있고, 커다란 유리창 안에 수많은 책들이 진열되어 있었다. 멜류알, 앙드레 브르통(André Breton, 1896-1966)의 책, 폴 엘뤼아르(Paul Eluard, 1895-1952)의 《처녀수태》, 마리 로랑생(Marie Laurencin, 1885-1956)의 시집, 장 콕토 시집 등 서구의 현대 시집들과 일본의 겸창문고鎌倉文庫에서 나온 『세계문』를 비롯한 니시와키 준자부로西脇順三郎의 시집들, 『현대의 예술과 비평』이라는 총서류, 하루야마 유키오春山行夫가 편찬한 『시와 시론』, 일본의 유명한 시 잡지인 『오르페온』, 『판테온』, 『신영토』, 『황지』 등 희귀본까지 책의 수량보다 일정한 경향성과 책(방) 주인의 색깔이 느껴지는 서가였다. 다시 말해 이들 대부분은 문학과 예술에 관한 것들이었고, 주로 박인환 자신이 극히 개인적인 취향으로 수집한 책들이기도 했던 것이다.

　이런 면으로 볼 때, 〈마리서사〉는 문학인이나 예술가들을 위한 전문서점의 형식을 띠고 있었던 것으로 생각된다. 그런가 하면, 한편으로는 책을 팔겠다는 생각보다는 단순히 책을 즐기겠다는 생각이 더 짙게 반영된 서점이었다. 그래서인지, 〈마리서사〉는 장사를 위한 고객보다는 문학을 이야기하는 친구들이 더욱 많이 모이게 되었고, 심지어는 처음에는 고객으로 들렀다가도 주인인 박인환과 기분이 통하고 마음이 맞게 되어 고객이 아닌 친구가 되어 들르는 경우도 허다했다. 그리고 어떤 면에서 이것이야말로 박인환이 서점 〈마리서사〉를 연 이유인지도 모른다.

아니나 다를까 박인환의 시가 조금씩 사람들의 입에 오르내리게 되자, 모이는 사람은 더욱 많아져 갔다. 그러나 서점의 경영은 나날이 어려워지기만 했다. 즉 파는 책보다 거저 주는 책이 많아지게 되고, 종내에는 누가 주인인지 누가 손님인지도 잘 모르게 되었다. 이러한 상황이 계속되다가 마침내는 서점의 문을 닫기에 이른다.

이 〈마리서사〉라는 서점의 이름은 평소 그가 좋아하던 프랑스의 여류화가이며 시인인 마리 로랑생의 이름을 빌려 지었다고 한다. '야수파와 입체파 사이에서 덫에 걸린 작은 암사슴'이라고 장 콕토에 의해서 노래 불려졌고, 그래서 몽마르트르의 암사슴, 작은 야수, 핑크 레이디라는 귀엽고 신선한 애칭을 한 몸에 받았던 마리 로랑생. 그녀는 전후戰後 프랑스 젊은 예술가들의 본거지와 같은 몽마르트르에서 아폴리네르, 피카소, 막스 자곱, 살몽 등 현대적인 시인, 미술가들과 교류했으며, 특히 〈미라보 다리〉의 시인 아폴리네르(Apollinaire, 1880-1918)의 뜨거운 연인이기도 했었다.

아폴리네르와의 이별을 슬퍼하며 쓴, '버려진 여자보다／ 더 가여운 것은／ 떠도는 여자／ 떠도는 여자보다／ 더 가여운 것은／ 죽은 여자／ 죽은 여자보다／ 더 가여운 것은／ 잊혀진 여자'라는 시를 세상에 발표해서 더욱 우리에게 친근하게 알려진 이 여인은 가난과 굶주림, 그러나 예술에의 빛나는 의지와 정열로 불타는 몽마르트르의 젊은 예술가들에게 싱싱한 영감靈感을 불러일으키게 했던 그들 모두의 연인이었다.

전후 프랑스 예술가들에게 심취해 있던 박인환은, 그들의 마스코트와 같은 마리 로랑생의 이름을 따서 그의 서점 이름으로 삼았고, 마리Marie라는 영어를 한자어로 표기하기 위하여, 일본 모더니즘 시인인 안자이 후유에安西冬衛가 31세 때 출간한 그의 첫 시집 『군함말리軍艦茉莉』에서 말리茉莉라는 한자어를 빌리게 된 것이다. 박인환이 빌려 쓴 한자어인 '말리茉莉'는 '재스민'을 뜻하는 말이기도 하다.

그렇듯 그 이름에서부터 모던한 시적 분위기를 풍겨 주는 〈마리서사〉에서 박인환은 많은 사람들을 만나게 되었고, 그곳에서 문단의 많은 인사들과 교류를 시작했던 것이다.

한편으로 박인환이 서점을 시작하게 된 데에는 그가 책을 유달리 좋아했다거나, 또는 문학을 사랑했다거나, 특히 예술 전문서점을 소유하고 싶었다거나 하는 여러 내적인 이유가 있었겠지만, 이러한 여러 요인들을 보다 구체적인 사실 - 책방을 실제로 경영한다로 실현시킨 데에는 '병든 서울'의 시인 오장환의 영향이 컸던 것으로 생각된다. 사실 박인환은 당시 오장환이 지니고 있던 일련의 허무적 로맨티시즘에 깊이 물들어 있었던 것이 사실이다. 그러므로 종로에서 먼저 서점을 경영하고 있던 그에게서 영향과 자극을 받아 박인환도 직접 서점을 차리게 된 것으로 생각된다.

박인환은 〈마리서사〉에서 30년대 모더니즘의 대표적인 시인 김광균과도 만날 수가 있었다. 우연히 책을 구경하러 들어온 김광균과 박인환은 인사를 하게 되었고, 또 김광균을 통해 화신동관和信東館 옆 2층에 있는 다방에서 김기림, 장만영과도 인사를 하게 되었다. 이렇게 문학청년 박인환은 평소 그들의 작품만을 읽으며 마음속으로 흠모하던 선배 시인들을 〈마리서사〉를 통해 만나게 되었던 것이다. 그러나 이러한 선배 시인들과의 만남보다 중요한 것은 이곳에서 그와 후일 모더니즘 시운동을 전개하게 된 많은 동료 시인들을 만날 수 있었다는 사실이다.

이곳에서 만나게 된 동료 시인들이란 대체로 임호권, 김병욱, 양병식, 김수영(1921-1968), 이봉구(1916-1983), 송지영(1916-1989), 조향(1917-1985) 등의 젊은 시인들과 화가 박일영 등이었다. 이들은 모두 그의 〈마리서사〉 서가書架에 진열되어 있는 책들같이 신선했으며, 또 열정으로 가득 찬 사람들이었다. 거의 매일 이들은 이곳에 모였고, 이들의 격조 높은 문학 이야기는 그들의 젊은 혈기만큼이나 강렬하고 높은 목청으로 이야기되곤 했다.

〈마리서사〉는 어떤 의미에서 박인환이 한국시단을 향해 그 첫 발을 내디딘 곳이라고 볼 수 있다. 문학·예술 전문서점의 형식을 띤 이곳에 자연히 관심 있는 문인들이 책도 사고, 구경도 할 겸 들르게 되었고, 이곳에서 박인환은 자연스럽게 이들과 인사를 할 수 있게 되었으며, 그때마다 그는 자신이 시를 쓰고 있으며 시를 지망하는 사람이라고 소개했다. 물론 그에게 있어 문학은 이미 하나의 중요한 삶의 양식이 되었고, 또한 확고하게 시인의 내면적 모습을 띠고 있었다. 그러나 그가 문단文壇이라는 한 사회로 나가기 위해서는 보다 현실적인 적극성이 요구됨은 당연한 사실이다. 그러므로 박인환은 〈마리서사〉라는 문화적 통로를 통해 한국문단이라는 작은 얼굴의 사회를 보다 적극적으로 바라볼 수 있었던 것이다.

 그가 경기중학교 시절, 평양의전 시절에 읽었던 많은 예술 서적들과 그 서적들이 진열된 창을 통해 조심스럽게 내다보던 세상을, 이제는 〈마리서사〉라는 보다 구체적인 창을 통하여 적극적으로 내다보게 되었고, 나아가 이를 통하여 자신의 기분과 문학적 기질에 맞는 사람들과의 만남을 통해 그가 가고자 하는 시인으로서의 길을 준비하고 있었던 것이다. 이러한 의미에서 볼 때, 〈마리서사〉는 단순히 박인환의 생활 터전이기 이전에, 박인환의 문학, 시적 삶의 세계로 그 스스로를 보다 구체적으로 이룩시켰던 중요한 기점이 된다고 하겠다.

 이처럼 박인환의 시인으로서의 생활은 이곳 〈마리서사〉에서 새로운 사람들과의 '만남'을 통해서 형성되었다. 그 만남 중에서 가장 특기特記할 만한 만남은 박일영이라는 초현실주의 화가와의 만남이다.(물론 그 이전에 이미 친교가 있었기는 하지만, 〈마리서사〉는 보다 적극적으로 만날 수 있게 한 장소가 되었다.) 박인환과 박일영과의 만남의 의미를 우리는 다음과 같은 김수영의 말을 통해 더욱 확연히 알 수가 있다.

인환의 최면술의 스승은 따로 있었다. 박일영이라는 화명畵名을 가진 초현실주의 화가였다. 그때 우리들은 그를 복상이라는 일제시대의 호칭을 그대로 부르고 있었다. 복상은 사인보드나 포스터를 그려 주는 것이 본업이었는데, 어떻게 해서 인환이하고 알게 되었는지는 몰라도, 쓰메에리를 입은 인환을 브로드웨이의 신사로 만들어 준 것도, 콕토와 자코브와 동향청아東鄉青兒의〈가스빠들의 입술〉과 브르통의〈초현실주의 선언〉과 트리그탄차리를 교수하면서 그를 전위시인으로 꾸며낸 것도… 파운드도 엘리엇을 이렇게 친절하게 가르쳐 주지는 않았을 것이다.

김수영이 그의 첫 시집 『달나라의 장난』의 속표지에 '이 시집 詩集을 박준경(朴準敬, 이는 박일영의 본명이다.) 형兄에게 드린다'라고 10.5포인트의 활자로 박았듯이 김수영은 박일영의 여러 면을 상당히 좋아했고, 또 그에게 경도되었던 것 같다. 김수영은 박일영을 박인환의〈마리서사〉에서 만나게 되었다. 즉 김수영은 먼저 박상진이 이끌던 극단〈청포도〉사무실에서 박인환을 만났고, 그 이후〈마리서사〉를 드나들면서 박일영과도 인사를 하게 되었다. 〈마리서사〉를 통해 많은 사람들과 만나면서 김수영은〈마리서사〉의 속화俗化를 보았고, 상대적으로 박일영이 지니고 있는 예술가적인 기질과 자존심, 나아가 세속을 바라보는 그의 부정적인 견해 등을 발견하고 그를 더욱 좋아하게 되었고, 동시에 김수영의 눈에는 박인환의 예술적인 기질이나 행동이 박일영의 모방과도 같이 보였던 것으로 생각된다. 그러므로 '박일영은 박인환의 최면술의 스승'이라고까지 이야기하게 된 것이 아닌가 생각된다.

이러한 김수영의 지적처럼 박일영은 당시 〈마리서사〉를 드나들던 여타의 사람들과는 달리 시인이 아닌 화가였지만 그의 예술가적인 순수함과 깨끗한 자존심, 나아가 세속에 휩쓸리기를 단호히 거부하는 그의 정신은 박인환에게 많은 영향을 주었던 것이 사실이다. 즉 박인환은 「병든 서울」의 시인 오장환의 허무적 로맨티시즘과 초현실주의 화가 박일영의 정신적 면모를 발견하고, 그들로부터 자신과 동일한 일면을 찾아낸 것은 물론, 그들이 지닌 일면을 자신도 모르게 받아들이기도 했던 것이다.

인간은 기본적으로 다른 사람에게서 배우곤 한다. 그런가 하면 자신을 둘러싸고 있는 환경과의 내밀한 교감交感을 통해 보다 포괄적이며 격조 높은 지식을 얻는 것이 일반적인 경우이다. 그러나 보다 궁극적인 배움이란 자기 자신에 내재한 내밀한 소리, 즉 다이모니온daimonion을 통해 도달하게 되는 것이다.

즉 시인 오장환이나 화가 박일영이 박인환에게 영향을 주기도 했겠지만, 김수영의 표현같이 박일영이 박인환에게 '곡마단의 원숭이를 부리듯이 재주를 가르쳐' 주었거나, 셰익스피어(Shakespeare, William, 1564-1616)가 이아고나 멕베드를 다루듯 했던 것은 아니라는 점은 분명해지는 것이다. 이러한 표현은 오히려 김수영의 박인환에 대한 부정적이고 왜곡된 관념에 의해서 표현된 말이라고 할 수가 있다.

이렇듯 〈마리서사〉는 당시 젊고 가난한 시인들, 예술가들이 모일 수 있는 장소가 되었고, 또 그곳을 통해 감격벽感激癖과 정열이 넘치는 박인환은 문단의 인사들과 지면知面을 넓힐 수 있었음은 물론, 1945년 해방 이후의 격변하는 시국時局을 조용히 응시하며 이에 휩쓸리지 않는 하나의 무풍지대를 이곳 〈마리서사〉에 마련했던 것이다. 이러한 박인환의 조용한 응시는 그가 후일 기성 문단에 대한 반문단적인 자세, 나아가 기성의 시 세계에 대한 새로운 변혁의 몸짓을 보일 수 있는 가장 중요한 계기가 되기도 한다.

〈마리서사〉, 이는 박인환의 한 내면적 공간이었으며, 그의 꿈과 시와 예술이 공존했던 예술의 전당이었으며, 박인환을 비롯한 해방 후 격변의 시기를 맞은 젊은 예술가들의 통어統御할 수 없는 정신의 한 표현이기도 하다. 아울러 박인환 개인으로 볼 때는, 한국 시단을 향한 그의 첫 발디딤이었고, 그의 정신을 보다 구체적으로 형성시켰던 곳이라고 할 수 있다.

3. 뜨거운 응시凝視

8·15해방은 우리 민족에게는 무엇과도 비교될 수 없는 감격이었다. 거리란 거리는 온통 해방을 맞은 사람들의 기쁨과 감격으로 들끓었고, 이미 패망을 선언한 일본인들은 각기 남南으로 길을 재촉하며 자신들이 36년간 군림했던 이 땅에서 떠나가고 있었

다.

그러나 감격에 겨운 삼천리 방방곡곡은 동시에 일대 혼란의 도가니였다. 일제의 폭정을 피해 만주나 간도 등지로 떠나 살던 사람들은 각기 자신의 고향을 찾아 모여들었고, 이들과 함께 해외海外 각지에서 독립운동을 하던 인사들도 속속 귀국하게 되었다. 서울은 새로운 감격과 함께 새로운 얼굴, 새로운 생각이 가득 찬 사람들로 들끓기 시작했다.

해방의 감격은 일제의 압제 밑에서 우리글, 우리말조차 쓰지 못해 거의 반벙어리가 되다시피 한 200여 문인들에게도 하나의 벅찬 환희로 다가왔다. 이들은 실로 오랜만에 우리의 언어를 통한 우리 문학의 벅찬 장을 다시 열 수 있게 된 것이다. 그러므로 많은 시인들은 이날의 감격을 벅찬 가슴으로 노래하였다. 윤곤강(1911-1950)의 「해방解放의 노래」, 김광섭(1905-1977)의 「슬픔을 넘어서」, 김억(1893-?)의 「감격의 날」 등이 바로 이 무렵의 감격을 노래한 시들이다.

그러나 이러한 감격이 채 그 화려한 꽃을 피우기도 전에, 당시 전반적인 사회 분위기가 그랬던 것과 같이, 문인들 간에도 서로 다른 이념으로 인하여 대립의 양상을 드러내게 된다. 이른바 임화(1908-1953)를 중심으로 한 좌익 문인들이 친일문학親日文學의 본산지였던 종각 옆 한청빌딩에서 〈조선문화건설중앙협의회朝鮮文化建設中央協議會〉라는 간판을 내걸었고(1945년 8월 18일), 이를 이어 〈조선문학건설본부朝鮮文學建設本部〉, 〈미술건설본부〉(대한미

술협회大韓美術協會의 모체)〉, 〈음악건설본부〉 등 그 이름으로 보아 어마어마하게 큰 단체로 느껴지는 간판들을 내걸게 된다. 이러한 좌익 문인들에 맞서 수주樹州 변영로(1897-1961), 공초空超 오상순(1894-1963), 월탄月灘 박종화(1901-1981) 등은 〈중앙문화협회〉를 결성하기에 이르고(1945년 9월 18일), 1946년 3월 13일에는 좌익 문인들이 〈조선문학가동맹〉 대회를 가졌던 서울 YMCA회관에서 〈조선문필가협회〉로 확대 결성대회를 갖는다. 이러한 문단의 분립과 대립은 1920년대 후반기의 민족문학과 프로문학의 대립 같은 단순한 문학적인 대립이었다기보다는, 새로운 국가를 건설하는 정치적 이념과 그 중요한 맥락이 닿아 있었기 때문에 더욱 치열할 수밖에 없었다. 뿐만 아니라, 정치·사회적 이념 대립이 격화됨에 따라 문단 내부의 이념과 조직의 대립은 확산되며 더 큰 소용돌이와 혼란의 파장이 야기되는 양상을 띠었다.

해방과 함께 박인환은 평양의전을 그만두고 서울 원서동 집으로 돌아온다. 서울로 돌아온 박인환은 앞에서 살펴본 대로 서점 〈마리서사〉를 차리고, 이 〈마리서사〉를 통해 시인, 예술가들과 교류를 시작한다.

〈마리서사〉에서 문인들과의 교류를 넓혀가던 박인환의 문학적 출발은 분열과 대립, 갈등이 날이 갈수록 심해져 가는 1946년에 들어서면서 본격적으로 시작된다.

애초에 박인환은 1946년이 12월 송지영 씨가 주필로 있는 〈국제신보〉에 발표한 「거리」라는 시가 그의 최초의 발표작, 곧 데뷔

작으로 알려졌다. 그러나 조선문학가협회 시부가 주최한 '예술의 밤'에 참가를 하여 낭독을 하고, 이 예술의 밤 낭독 시집인 『순수시선』에 1946년 6월 20일에 실린 「단층」이라는 시가 발견되므로, 이 작품이 박인환이 공식적으로 발표를 한 최초의 작품으로 평가된다. 염철 교수에 의하여 제기된 사실인데, 작품 「단층」은 박인환의 시집 『박인환 선시집』에는 「불행한 샨송」이라는 제목으로 발표가 되었다. 다만 「단층」 중 7연이 삭제된 채로 게재가 되었다.

통념적으로 한국 문단에 시인으로 등단하는 방법은 문학지의 신인으로 추천되거나, 일간신문의 신춘문예를 통하는 길이 있었다. 초창기 동인지 문단 시대를 지나, 1930년대에 들어서면서 권위 있는 일간지인 동아, 조선 등이 신인 등용을 위한 신춘문예 제도를 신설하고, 이를 통해 실력 있는 신인들이 대거 우리 문단에 나타나게 된다. 그런가 하면, 30년대 말에 이르러 《문장文章》, 《조광朝光》 등의 문예지가 신인 추천 제도를 신설하고 신인들의 작품을 대거 공모하면서 동시에 신인들을 발굴하게 된다.

그러나 일제 말기의 암흑기를 거치고 해방이 된 이후 2, 3년 동안은 일정한 추천 제도나 신춘문예 등의 제도가 없었다. 다시 잡지의 추천 제도가 부활되는 것은 1949년에 창간되는 《문예文藝》지를 통해서이다. 이 문학지에 첫 번째로 추천된 신인들이 이원섭·손동인 등이며, 이들을 이어 이형기·전봉래 등이 추천되어 등단한다.

이러한 사실로 보아, 박인환이 문단에 얼굴을 내놓게 되는 1946년에는 일정한 추천 제도가 우리 문단에 없던 시기이다. 다만 뜻이 맞는 선배, 친구들의 권유나 주선으로 잡지나 신문에 작품을 게재하고, 그 평가가 좋으면 등단을 인정하던 시기이다.

이렇듯 대부분의 문인들, 문인뿐만 아니라 당대에 조금이라도 의식이 있던 모든 사람들이 좌·우로 갈려 대립·갈등을 하고 있을 때, 젊은 문학도 박인환은 이러한 문학외적文學外的인 흐름에 휩싸이지 않고 조용히 한국 시단을 응시하며 그 첫발을 내디딘 것이다. 바로 이러한 등단 장면에서, 가장 순수하게 새로운 시의 지평地平을 열겠다는 박인환의 의지, 응축된 근육처럼 도사리고 있는 문단이라는 새로운 세계를 향한 모습을 발견하게 되는 것이다.

『박인환 선시집』에 「불행한 샨송」이라는 제목으로 실린, 박인환 등단작으로 일컬어지는 작품과 그후 6개월 뒤에 〈국제신보〉에 실린 「거리」 두 작품 모두를 실어보기로 한다. 두 작품은 모두 박인환 등단기의 작품이라는 의미를 지닌다.

產業銀行산업은행 유리窓창 밑으로
大陸대륙의 市民시민이 푸로므니아드하던 지난 해 겨울
戰爭전쟁을 피해온 女人여인은
銃총소리가 들리지 않는 過去과거로
受胎수태하며 뛰어 다녔다.

暴風폭풍의 뮤스는 燈火管制등화관제 속에

고요히 잠 들고

이 밤 大陸대륙은 한 개 果實과실처럼

大理石대리석 위에 떨어졌다.

짓밟힌 나의 優越感우월감이여

市民시민들은 한 사람이 〈데모스레테네스〉

政治정치의 演出家연출가는 逃亡도망한

아르르캉을 찾으러 돌아다닌다.

市長시장이 調馬師조마사는

밖에 가장 가까운 저녁때

雄鷄웅계가 노래하는 브루우스에 化合화합되어

平行평행 面體면체의 都市計劃도시계획을

코스모스가 피는 寒村한촌으로 案內안내하였다.

衣裳店의상점에 神化신화한 마네킹

저 汽笛기적은 Express Mukden

마로니에는 蒼空창공에 凍結동결되고

汽笛기적처럼 사라지는 女人여인의 그림자는

짜스민의 香향기를 남겨 주었다.

　　　　　　　　　　　-「不幸불행한 샨송」전문

나의 時間시간에 스콜과 같은 슬픔이 있다

붉은 지붕 밑으로 鄕愁향수가 光線광선을 따라가고

한없이 아름다운 계절이

運河운하의 물결에 씻겨 갔다

아무 말도 하지 말고

지나간 날의 童話동화를 韻律운률에 맞춰

거리에 花液화액을 뿌리자

따뜻한 풀잎은 젊은 너의 탄력같이

밤을 地球지구 밖으로 끌고 간다

지금 그곳에는 코코아의 市場시장이 있고

果實과실처럼 기억만을 아는 너의 음향이 들린다

少年소년들은 뒷골목을 지나 敎會교회에 몸을 감춘다

아세틸렌 냄새는 내가 가는 곳마다

陰影음영같이 따른다

거리는 매일 맥박을 닮아 갔다

베링 海岸해안 같은 나의 마을이

떨어지는 꽃을 그리워한다

黃昏황혼처럼 裝飾장식한 女人여인들은 언덕을 지나

바다로 가는 거리를 純白순백한 式場식장으로 만든다

戰庭전정의 樹木수목 같은 나의 가슴은

베고니아를 끼어안고 氣流기류 속을 나온다

望遠鏡망원경으로 보던 千萬천만의 微笑미소를 灰色회색 외투에 싸아

얼은 크리스마스의 밤길로 걸어 보내자

— 「거리」 전문

  다소 산만한 느낌이 들 정도로 폭넓은 제재題材를 끌어들인 이 작품들은 박인환이 지닌 원초적인 서정주의抒情主義를 잘 대변해 주는 작품들이기도 하다. 이러한 서정성은 '暴風폭풍의 뮤스는 燈火管制등화관제 속에', '大陸대륙은 한 개 果實과실처럼', '衣裳店의상점에 神化신화한 마네킹'(「불행한 샨송」), 또는 '스코올', '운하運河', '코코아의 시장市場', '교회敎會', '아세틸렌 냄새', '베링 해안海岸' 등의 구절이나 단어에서 감지感知할 수 있는 그의 도시적 감각과 잘 어우러지고 있다. 말하자면, 박인환은 그의 등단기 작품에서 이미 '도시적 서정주의'의 모습을 보이기 시작했던 것이다.

  '스코올 같은 슬픔'이 내재內在한 그의 시간, 그것은 바로 그가 소년기를 보냈던 고향 인제麟蹄에의 향수이며, 중학생이란 어린 시절 원서동 집을 떠나 객지 생활을 하던 소년기에 황해도 재령載寧에서 맛보았던 생의 쓸쓸함이라고 할 수 있다. 그러므로 '그 곳'에서는 '과실果實처럼 기억만을 아는 너의 음향'이 들려오고,

'교회敎會에 몸을 감추는', '소년'만이 자리하고 있는 것이다. 이러한 지난날에의 그립고 한편 쓸쓸한 기억으로 인하여 가는 곳마다 '아세틸렌'의 혹독한 냄새가 깊은 '음영陰影'같이 따라다니고 있음을 박인환은 깊이 절감하고 있는 것이다. 그런가 하면, 늘 '전정戰庭의 수목樹木 같은' 황폐한 가슴을 하고 지나는 겨울의 차가운 거리, 이런 풍경 속에서 늘 방황하며 빙하氷河의 어둡고 긴 상공을 날 듯, 박인환은 세상을 향한 그의 젊은 날의 첫발을 내딛게 된다.

「불행한 샨송」과 이어서 「거리」 발표한 이후 얼마 지나지 않아 그의 시작詩作 활동은 본격적으로 전개된다. 이듬해인 1947년 7월에는 〈서울신문사〉에서 나오던 잡지 《신천지新天地》에 시 「남풍南風」을 발표하고, 가까운 문인들에게 좋은 평을 듣게 되었다. 사람들의 입에 박인환의 작품이 오르내리면서 그의 사교 범위는 점점 넓어져 갔고, 그가 경영하는 〈마리서사〉에는 책을 사겠다는 손님보다는 놀러 오는 사람들로 더욱 붐비기에 이른다. 이로 인하여 그의 문학적 활동과 반비례하여 〈마리서사〉는 점점 경영의 어려움을 겪게 된다. 그러나 이 무렵 이미 박인환에게 〈마리서사〉의 경영은 조금도 중요한 것이 되지 못했다. 그에게 보다 중요한 것은 한 시대를 가로지를 수 있는 좋은 시, 새로운 시를 쓰겠다는 열망이었던 것이다. 그러므로 그의 밖에서의 생활은 더욱 바빠지게 되고, 책방 〈마리서사〉는 주인보다 객客들로 붐비는 시간이 더 많아지게 되었다.

한편 이 무렵부터 박인환은 경기중학교 시절의 기억을 떠올리며 영화에 대한 관심을 표명하기 시작한다. 본래부터 영화를 좋아하던 그였기 때문이기도 하지만, 영화가 지닌 폭넓고 화려한 예술적 매력을 그는 결코 떨쳐버릴 수가 없었던 것이다. 그 첫 시도로 1948년 1월에 《신천지》에 영화평론인 [아메리카 영화 시론試論]을 발표한다.

> 우리들은 너무나 가혹한 견지見地에서 아메리카 영화를 감상하며 비판하여 왔다. 아메리카인의 습성과 기질을 잘 알지도 못하고 관념적인 감상만을 하여 왔다.

이러한 리드문과 함께 박인환은 "아메리카의 영화를 이해하기 위해서는 아메리카 영화의 역사가 아니고, 차라리 그 배후의 아메리카 문화와 사상의 유동流動을 아는 것"이 바로 오늘의 아메리카 영화를 이해하고 감상하는 길이라고 피력하고 있다. 이러한 그의 글 속에서, 그가 얼마만큼 다방면에서 영미의 문화, 서양의 문화를 이해하려고 노력했는가를 알 수 있다.

즉 박인환은 영화가 지니고 있는 폭넓은 예술성과 함께 영화라는 매스미디어를 통해 서양이라는 새로운 세계의 정신과 사상, 나아가 그들의 습성과 기질 등에 깊이 탐닉하고 있었던 것이다.

영화라는 영상예술을 통해 표현된 그들의 정신을 화면을 통해 읽으며, 그는 한 시대의 첨단을 걸을 수 있는 예술가 시인이 되고

자 했던 것이다. 비록 영화라는 간접 경험을 통해 그들의 세계를 감지하지만, 이러한 그의 새로움에 대한 열망은 후일 '남해호南海號'를 타고 미국 순방길에 오르게 한 가장 원초적인 동기가 되었음을 우리는 어렵지 않게 알 수 있다. 즉 당대의 첨단이라고 생각되는 서양 문화를 이해하고자 한 그의 열망은 작고하기 일 년 전, '아무런 생각도 없이' 문득 배를 타고 떠난 미국 순방과 중요한 맥락을 맺고 있는 것이다.

박인환은 이처럼 소년기, 청소년기를 보내며 그가 품었던 시라는 예술, 영화라는 예술에의 꿈을 서서히 실현시켜 나가고 있었다. 해방의 기쁨과 감격이 채 가시기도 전에 벌어지는 좌와 우의 극렬한 대립과 분열이라는 아픈 갈등 속에서 어둡고 긴 빙하 위를 날아 건너듯, 아직 미소년美少年이라고 부를 수 있는 젊디젊은 박인환은 그의 시인으로서의 길 -결국, 그리 길지도 못할- 길을 걷기 시작한 것이다. 자신의 새로움에 대한 뜨거운 열망과 함께, 어둠 속에서 바라보는 한 점 응시凝視와도 같이….

4. 내 사랑, 정숙丁淑

박인환의 작품 연보를 살펴보면, 당시 중요한 그의 발표 지면은 서울신문사에서 운영하던 《신천지》와 《민성民聲》이었다. 특히 그의 활동 초기라고 할 수 있는 1947년과 1948년 사이에는 주로 《신천지》를 통해 작품을 발표했다.

《신천지》에는 박인환과 이정숙의 중매인이 된, 이정숙의 사촌 언니 이석희가 기자로 근무하고 있었다. 박인환이 먼저 만난 사람은 부인 이정숙 여사의 사촌인 이석희이다. 당시 이정숙은 진명여고를 졸업하고 지금의 광화문 성공회聖公會 뒤 덕수교회 옆에 있던 〈방송협회〉에 다니고 있었다.

평생을 은행에서 근무했고, 이십 년을 은행 지점장으로 지낸 이정숙의 부친은 거의 외동딸이나 다름없는(이정숙의 형제는 자매인데, 언니와는 15년 이상 연령 차이가 있어 이정숙이 성장할 때 이미 언니는 시집을 가서 거의 외동딸과 같이 자랐다.) 이정숙을 대학에 보내고자 했으나, 당시 여전女專인 이전梨專과 숙전淑專이 일제 말 양성소 형태로 바뀌어 진학을 포기하고, 부친의 알선으로 방송협회에 취직하게 된다. 이정숙은 먼저 동덕同德여고를 졸업하고 《신천지》 기자가 되어 근무하는 사촌 이석희와 점심 저녁으로 만나 이야기를 나눌 기회를 자주 갖게 되었다. 《신천지》가 있던 〈서울신문사〉와 〈방송협회〉가 있던 광화문은 지척으로 가깝기 때문에, 서로 나이가 비슷한(이 둘은 한 살 차이이다.) 두 사람은 사촌이면서도 친구처럼 그날그날 있었던 얘기며 세상 돌아가는 얘기를 나누곤 했던 것이다.

이러던 중 1947년, 박인환의 시가 세상에 조금씩 이야기가 되던 여름 어느 날, 이석희는 원고 청탁 관계로 〈마리서사〉로 박인환을 만나러 가게 된다. 그때 마침 상해上海에서 서울로 온 이정숙의 조카 되는 아이가 낙원동 〈이병남소아과〉에 입원을 해서 조카 문병도 갈 겸 둘은 같이 낙원동에 있는 〈마리서사〉를 방문한다. 그때만 해도 이정숙은 조카 문병 가는 길에 아무 뜻도 없이 사촌 언니인 이석희를 따라서 〈마리서사〉까지 가게 된 것이다.

조그마한 서점인 〈마리서사〉에서 이리저리 책을 구경하고 있던 이정숙은 점원이 불러서 막 들어오는 박인환을 한번 보게 되고, 이석희 소개로 둘은 비로소 인사를 하게 된다. 키가 거의 170cm나 되는 장신의 이정숙은 그런 자신보다 족히 10cm는 더 커 보이는, 당당한 청년 박인환과 초면의 인사를 아무 뜻도 없이 하게 된 것이다.

여기서 이정숙과 박인환의 첫 대면의 모습을 그려 볼 수가 있다.

이석희와 이정숙이 서점에 들어섰을 때는 박인환은 잠시 나가고 서점에 없었다. '마리'라는 예쁜 이름과 함께 수많은 문학류, 예술류의 책들이 꽂혀 있는 서가를 그녀는 구경하고 있었다. 이리저리 책들을 구경하고 있는데, 마침 그를 부르러 갔던 점원 아이를 대동하고 박인환이 들어섰다. 힐끔 쳐다본 그녀 앞에, 키가 크고 머리가 단정한 준수한 청년의 모습이 들어왔다. 위에는 집에서 만든 듯한 모시로 된 러닝 비슷한 것을 입고, 구두는 초콜릿 빛이 나는 통역관이 신는 단화를 신고 있었다.

집에서 지은 고운 모시 러닝에서는 귀하게 자란 그의 모습을 발견할 수가 있었고, 그가 신은 초콜릿 빛 단화는 당시 통역을 하며 미군 부대를 출입하는 사람이라야 간신히 구해 신을 수 있는 귀한 구두였기 때문에, 그 구두를 보고 이정숙은 이내 박인환이 영어 꽤나 하는 사람이 아닌가 하는 생각을 했다고 한다. 이렇듯 박인환은 이정숙과의 첫 대면에서, 집안에서는 귀하게 자랐고 배움도 많은, 상당히 지적인 청년으로 그녀에게 보였을 가능성이 있다. 그런가 하면 굉장히 큰 키에 서글서글한 미모, 좋은 가정에서 조금도 구김살 없이 자란 처녀인 이정숙을 만나게 된 박인환은 이내 그녀에게 마음이 끌리게 되었다.

이정숙은 곧 방송협회에서 한국은행 계리부로 직장을 옮기게 되었고, 박인환이 은행 정문 앞으로 이정숙을 만나러 오는 횟수가 많아지게 되었다. "거의 매일 오다시피 해서 어느 날에는 정문에서 수위와 옥신각신 싸움까지 벌였다."는 얘기가 전해질 만큼 박인환은 평생의 반려자가 된 이정숙을 향한 사랑의 열도를 높여가기 시작했다.

첫눈에 서로를 마음에 들어 했던 두 사람은 이내 약혼을 하게 되고, 거의 매일같이 만나게 되었다. 약혼 시절 두 사람의 데이트 코스는 정해져 있다시피 했다. 당시 문인들이 많이 모이던 종로 다방에서 만나 종로를 지나 광교, 광교를 지나 명동, 명동 에덴다방에서 또 많은 사람들을 만나고 다시 세종로 이정숙이 살고 있던 집으로 돌아오면 어둑어둑 황혼이 지곤 했다고 한다. 이러한 둘의 약혼 시절을 박인환의 동인이었던 김경린이 다음과 같이 이야기한다.

물질보다는 우정을, 그리고 사랑을 얻은 것을 무척 행복하게 생각하는 그를 참으로 멋있고, 한편으로는 재미있는 친구라고 생각하며, 그의 인간적인 면을 엿볼 수 있어서 좋아했다. 그렇게도 극진히 사랑하는 약혼자였기에 항상 명동 어느 다방이든 인환이 있는 곳에 그녀가 있었고, 그녀가 있는 곳에 인환의 에스코트가 따랐다. 그녀는 인환에 비하면 무척 좋은 가문 출신(물론 그 당시 우리들은 그런 것은 문제가 아니라고 생각하며, 그것을 자랑으로 삼는 청년들이었지만)에, 차가울 만큼 세련된 지성미에, 요즈음 흔히 말하는 키가 조금은 큰 편인 날씬한 몸매의 아름다운 여인이었으므로, 나는 항상 그녀를 학과 같은 미녀라고 생각하곤 했다. 그녀는 시 같은 건 쓰지 않았지만 시를 이해할 줄 아는 여인이어서,

"정숙이 어때, 이 시 멋있지?"

이렇게 인환은 밤새워 써 가지고 나온 시를 약혼녀에게 먼저 보이는 것을 무척 즐거워하였다.

그럴 때면 날카로운 평을 서슴없이 가하는 그녀를 나는 더욱 아름답게 바라본 적이 있다. 그러한 약혼녀를 그는 무척 자랑스럽게 생각하였음인지 그녀와의 동반을 항상 기뻐했다. 따라서 나도 그녀와 어느 정도 친숙하게 대할 수가 있는 때였지만, 어떤 때는 그와 함께 명동의 경사진 가로를 봄바람처럼 스치고 지나가는 그녀의 모습이 하도 화사하기에 나는 나의 넥타이의 초라함을 부끄러워하며 빌딩의 그늘에서 그들을 멀리 바라본 적도 있었다.

시를 쓰면 박인환은 가장 먼저 그의 약혼녀인 이정숙에게 보여 주었다. 그리곤 그녀의 평을 서슴지 않고 받아들이곤 했다. 명동의 〈모나리자〉라는 다방에서, 또는 원서동 근처의 초라한 다방에서 시에 대한 정열을 불태우며 박인환은 골똘히 시를 생각하고 생각한 구절구절을 밤이 깊도록 원고지에 옮기고, 몇 번씩 고치고 또 새롭게 고쳐 지은, 그렇게 해서 완성된 시를 가장 먼저 그의 약혼녀에게 보여 주고 그녀의 평을 듣는 것을 즐거워했던 것이다. 박인환이 시를 목숨처럼 사랑했다면, 그의 시만큼이나 약혼녀 이정숙을 더없이 사랑했다.

이렇듯 박인환의 스물하나, 둘이라는 젊은 시절은 그의 가장 치열했고 또 가장 즐거웠던 시절이다. 〈마리서사〉라는 작은 서점을 통해 뜻이 맞는 많은 시우詩友들을 만나게 되었고, 또 사랑하는 사람도 만나게 되었다. 그래서일까? 이 무렵을 김수영은 '박인환의 최대의 전성기'라고 이야기한다. 그런가 하면 '가장 기분을 내던' 시절이었다고 〈마리서사〉라는 글에서 김수영은 이야기하고 있다.

새로움이란 때때로 두려운 것이기도 하다. 그러나 대담하고 모험심이 강한 사람들에게 있어 '새로움'이란 신선하고 경이롭고 유쾌한 것으로 인식될 수도 있다. 박인환의 성격은 소극적이라기보다는 담대했고, 적극적이고 모험심이 강한 사람이었다. 그가 11살 때에 인제麟蹄 깊은 산골에서 혼자 서울까지 왔었다는 사실만을 상기해 봐도 그는 무척이나 담대하고 자신감에 넘쳤던 사람이라는 걸 쉬이 짐작할 수 있다. 그러므로 그 자신이 새로운 스타일의 사람들을 만나고, 또 시인으로 문단에 발을 딛게 되고, 더구나 이정숙이라는 매우 진취적이며 활달한 성격의 약혼녀를 맞이하게 되었다는 사실이 그를 모든 것에 있어 더욱 자신감과 정열로 넘치게 했을 것이 분명하다.

박인환이 당시에 좋아하던 음악은 조금은 템포가 빠르고 미국 민요조가 섞인, 보다 직접적으로 가슴에 전달될 수 있는 음악들이다. 하루 중 많은 시간을 명동의 〈에덴다방〉에서 이정숙과 앉아 음악에 심취하거나 시를 놓고 얘기를 나누다가, 둘은 슬그머니 일어나 명동을 가로질러 극장엘 가곤 했었다.

박인환과 이정숙은 이 무렵에 개봉하던 영화는 거의 모두 보았다고 한다. 마침 중앙영화배급소에 있던 임동규 씨가 시사회에 초대도 하고 또 초대권도 주고 하여, 그 둘은 일주일이 멀다 하고 영화를 관람했다고 한다. 당시 중앙영화배급소에 있던 임동규는 후일 이 둘의 중매인 격인 이석희의 부군이 된 사람이지만, 이 둘을 위하여 항시 개봉관 표를 두 장씩 준비했다가 전해 주곤 했다고 한다.

이렇듯 새로운 사람들의 출현, 새로운 영역들과의 만남은 그를 더욱 바쁘게 했고, 〈마리서사〉의 경영은 점점 어려워지고 마침내 1948년 입춘을 전후한 어느 날 〈마리서사〉는 문을 닫기에 이른다. 〈마리서사〉를 정리하고 이내 박인환은 이정숙과 결혼식을 올린다. 그 당시만 해도 지금처럼 예식장이 많지도 않은 시절이었다.

그즈음 이정숙의 친정아버지는 은행을 정년퇴직하고, 이왕가李 王家 계통의 회사에서 회계과장의 일을 보고 있었다. 그래서 그들 은 덕수궁 석조전을 빌려 결혼식을 올릴 수가 있었다.(이정숙의 집 안이 이왕가계의 집안이다.)

아직 차가운 바람이 남아 있고 새로운 잎들이 그 작은 연초록 의 모습을 보이기 시작하는 이른 봄. 박인환은 그의 많은 문우들 의 축복을 받으며 사랑하는 약혼녀 이정숙과 결혼식을 올렸다. 신부의 집에서는 외동딸같이 자란 신부를 위하여 창경원 식물원 의 생화生花를 가져다가 부케를 만드는 등, 당시로는 꽤나 호화로 운 결혼식을 올리게 되었다. 이는 물론 박인환의 개인적인 취향 과도 어울리는 일이었다. 항시 많은 사람들과 어울리고, 또 일 벌 이기를 좋아하는 그가 자신의 결혼식을 가급적 성대하게 갖는다 는 것은 당연한 일이 아닐 수 없다.

이때 참석한 문단 인사만 보더라도, 그가 그 당시 비록 갓 문단 에 나온 신인이었다고 해도, 얼마만큼 넓은 지면을 가지고 있었 는가를 알 수 있다. 소설가 박영준·송지영을 비롯하여 이봉구, 시 인 김경린·양병식, 극작가 이진섭·최재덕·채성근 등 많은 사람 들이 참석을 하여 그의 결혼을 축하하였다.

결혼식을 올린 후에 박인환은 처가妻家인 세종로 135번지(지금 의 교보빌딩 뒤)로 이주하게 되었다. 다시 이야기해서 처가살이를 시작한 것이다. 외동딸이나 다름없는 신부를 따로 내보내기가 안 타까워, 신부의 부친이 박인환의 부친에게 사전 승낙을 얻고 신접살림을 처가인 세종로 집에 차리게 된 것이다. 훗날 그가 임종을 하게 되는 그 집에서 이렇게 그의 새로운 신혼생활이 시작되었다.

흔히 박인환을 알고 있는 사람들은 그가 '엄처시하'에서 제대로 기도 못 펴고 살았다고들 말한다. 그가 '처가살이'를 했기 때문에 듣게 된 말이다. 어디에고 구속되기를 거부하고, 또 자유분방한 그가 이런 소리를 들었다는 것은 사실 의외의 상황이기도 하다. 그러나 그것은 엄연한 사실이기도 하다. 사실 그것은 별스러운 일이라기보다는, 그의 자유로운 정신을 사랑이라는 이름의 포충망에 가두고 무기력을 자초한 것이라고 생각할 수도 있을 것이다.

박인환의 부인과 아이들에 대한 사랑은 남다른 것이었다고 한다. 아침에 나갈 때는 으레 하루의 스케줄을 모두 부인에게 이야기했다. 몇 시에 누구를 만나고, 몇 시에 어느 다방에 있을 것이며, 누구와 점심을 어디에서 먹을 것까지 상세하게 이야기를 하고 나갔다는 것이다. 그만큼 그는 그의 부인에 대하여, 또 가족에 대하여 자상했으며, 자신이 조금도 구김이나 거리낌이 없음을 항시 자랑스럽게 생각했다.

이러한 부인에 대한 자상함은, 그가 1955년 남해호의 사무장 자격으로 3개월간 미국에 갔을 때도 여실히 드러나는 사실이다. 1955년 3월 5일 부산항을 출발해서 3월 22일 미국 태평양 연안에 닿기까지는 선상船上 우편이 가능하지 않으므로 수시로 전보를 쳤다고 한다. '무사항해중22일미국도착예정4월중으로귀국예정인환' 등의 전보는 태평양의 넓고 넓은 바다 위로부터 서울의 세종로 135번지, 사랑하는 가족이 있는 그의 집으로 수없이 날아들었고, 이국의 작은 항구에 도착해서도, 다음과 같은 엽신을 보냈다.

지금 막 神戶고베를 떠나려고 합니다.(9일 7시)
앞으로 적어도 20일간은 당신에게 편지 못합니다.
잘 있으시오. 조금도 잊지 않습니다. 사랑합니다.
애들에게도 안부 전해 주시오.
앞으론 더욱 행복하기를…
船窓선창에서 눈부시게 고베의 네온이 보입니다.
당신과 어린애들의 눈동자가 보입니다.
밤에는 잠 잘 자시오.

9일 밤 7시 박인환 서

이렇게 급하게 적은 사랑의 엽신葉信들을 보냈는가 하면, 미국에 도착해서도 편지에 극장표를 두 장씩 사서 동봉하며, "비록 이렇게 태평양이라는 큰 바다를 사이에 두고 지구의 서로 다른 끝에 있다고 해도, 오늘 저녁 같이 영화를 관람하기로 하자."는 내용의 편지를 보내곤 했다고 한다.

이렇듯 박인환은 그의 부인 이정숙을 그가 죽는 날까지 거의 헌신적으로 사랑했다. 그러나 한편으로 이것은 곧 박인환의 자기 편애적인 성향과 맞닿는 사실이라고 생각할 수 있다. 자신의 것에 대하여 긍정적이며, 편애적인 성향이 강한 사람들일수록, 자신의 범주 안에 들어 있는 모든 것에 대한 사랑이 남다르게 강한 것이 일반적이기 때문이다. 즉 박인환의 경우 정열적이고 적극적인 기질과 자기편애적인 성향이 자신의 부인과 자신의 가정으로 옮겨감으로 해서, 자상하고 지극한 사랑을 드러내는 남편, 나아가 아버지가 될 수 있었다고 생각한다. 그런가 하면, 박인환의 바로 이러한 면모가 그를 피상적으로 알고 있는 사람들에게 '엄처시하'의 공처가와 같이 보였던 것으로 생각된다.

박인환은 결혼 당시 신혼여행을 가지 못했기 때문에 결혼 10주년 기념행사로는 반드시 신혼여행을 가고, 다시 결혼하듯이 많은 하객賀客을 초대하자고 했다고 한다. 그래서 미국에서 돌아오던 1955년 5월에는, 10주년 기념행사에 하객을 초청할 때 쓸 봉투라고 하면서 꽃무늬 봉투를 수백 장 사 가지고 왔다고 한다. 그러나 그렇게 기다리던 결혼 10주년을 일 년 앞두고 그는 문득 돌아올 수 없는 불귀의 객이 된 것이다.

> 나와 나의 淸純청순한 아내
> 여름날 純白순백한 결혼식이 끝나고
> 우리는 流行品유행품으로 화려한
> 商品상품의 쇼윈도우를 바라보며 걸었다.
>
> 전쟁이 머물고

平穩평온한 地平지평에서
모두의 斷片的단편적인 기억이
비둘기의 날개처럼 솟아나는 틈을 타서
우리는 內省내성과 悔恨회한에의 여행을 떠났다.

평범한 수확의 가을
겨울은 백합처럼 향기를 풍기고 온다.
죽은 사람들은 싸늘한 흙 속에 묻히고
우리의 가족은 세 사람.

- 「세 사람의 가족」 부분

 이렇듯 사랑하는 가족, 부인을 영원히 바라보기라도 할 듯이, 두 눈을 감지도 못하고, 그의 첫 시집이었으며 살아생전의 마지막 시집이 된 『선시집』에 '아내 정숙丁淑에게 보낸다'라는 헌사獻辭를 붙일 정도로 그는 부인 이정숙을 사랑했던 사람이었다.

제3장
순수에의 열망

제3장 순수에의 열망

1. 거부하는 몸짓으로

　전 시대前時代가 물러가고 새로운 시대가 시작되면, 모든 사람들은 기대와 함께 새 지평을 열고자 하는 계획을 세우고 노력을 하게 된다.
　1945년 8월 15일, 이는 분명 36년간의 암흑시대가 물러가고 우리 민족사의 새 지평을 향해 가는 출발점임에 틀림이 없다. 새 국가, 새 정부를 세우기 위한 웅지와 열망들이 이 출발을 더욱 감격스럽게 한다. 때문에 삼천리 방방곡곡은 새로운 열기로 온통 들뜨게 된다. 이러한 민족적인 차원과 함께, 문화·언론계도 역시 새로운 기운으로 그 목소리를 회복하고 있었으니, 이들의 첫 사업이 곧 새로운 잡지, 새로운 신문의 창간이다. 해방 직후 창간된 잡지들의 이름을 살펴보면, 비록 수명은 길지 못했어도 그 제호題號에 새롭다는 의미의 '새', '신新'이란 글자가 쓰인 것들이 유독 많다. 1946년 1월 15일, 발행인 하경덕에 의해서 서울신문사에서 발간한 《신천지新天地》를 필두로 《신문화新文化》, 《신세대新世代》 (1948), 《새교육》(1948) 등의 잡지들이 창간된다.
　이러한 경우에는 대체로 새로워야 한다는 의지와 함께 새로움을 지향하는 노력이 담겨 있게 마련이다. 그러나 갑작스럽게 밀어닥친 이 '새로움'에 과연 얼마만큼 실질적인 새로움이 담겨 있는지는 의문이 되는 사항이다. 다만 분명한 것은 이 이름들에는 새로움으로 향하고자 하는 당대인들의 의지가 뚜렷이 담겨 있었던 것이 확실하다.

그런가 하면, 이러한 '새로움'이란 항시 미래 지향적인 것이기 때문에, 그 역의 방향에서 지난 것, 과거의 것에 대한 지독한 거부 반응을 보이게 된다. 그러므로 때때로 '새로움' 일변도의 의식은 과거에 대한 지나친 거부와 배척으로 인하여 본질적인 뿌리를 잃어버리게 되는 예를 우리는 종종 보아 왔다. 그러나 이러한 예에도 불구하고 시행착오가 거듭되는 시도를 함으로 해서 보다 새로운 모습으로 뿌리를 내리는 모습도 또한 우리는 보아 왔다.

박인환은 바로 이러한 새로운 출발점에서 그 문학적인 첫걸음을 뗀 사람이다. 전 시대前時代가 물러가고 민족적인 염원과 숙원이 성취된, 그러므로 새로운 차원의 세계를 구상할 필연의 시대에, 한 당위當爲와 같이 그는 문학으로의 출발을 했던 것이다. 그러므로 본질적으로 그에게 가장 강하게 나타났던 것은 지난 것에 대한, 기성旣成에 대한 강한 거부의 몸짓이었다.

세상의 모든 젊은이들은, 특히 의식이 있는 젊은이들은 한 번쯤 기성세대나 가치에 대해 강하게 반발하고 거부하는 모습을 갖게 된다. 바로 그것이 젊음이 지니고 있는 가장 뚜렷한 모습이기도 하다. 박인환은 체질적으로 선두의식先頭意識이 강한 사람이었다. 이러한 선두의식과 함께 젊은이 특유의 의욕, 그런가 하면 새로움을 추구해야 한다는 시대적인 필연성 등은 젊은 문학도 박인환을 더욱 강하게 부채질했을 것이다. 그러므로 그의 문학적 출발기에 가장 강하게 나타나는 외양外樣은 기존旣存의 것에 대한 거부의 형태를 띠는 것이 당연한 귀결일 것이다.

박인환이 한두 편의 시를 세상에 내놓기 시작한 1947년 가을, 그는 일본 유학 시절 일본의 모더니즘 운동단체인 〈바우VOU〉 그룹에 참가해서 모더니즘 시운동을 전개했던 김경린을 만나기 위해 그가 다니던 시청 사무실로 찾아간다. 생각이 나면 아무나(인사가 있든 없든) 찾아가는 것이 박인환의 사람 사귀는 특별한 모습이기도 하다. 앞에서 이야기한 바와 같이 김광균과의 만남도 궁극에 있어서는 이러한 예고 없는 방문이었다.

여하튼 박인환은 자신과 시적 경향이 비슷하고 새로운 현대시 운동을 같이 할 수 있다고 생각되는 김경린을 문득 찾아가게 된 것이다. 이날의 그의 돌발적인 방문을 김경린은 다음과 같이 회상하고 있다.

인환을 처음 알게 된 것은 아마도 1947년 가을이었던 것으로 나는 기억하고 있다. 그 당시 그는 내가 근무하고 있던, 문학하고는 거리가 먼 나의 직장에 아무 예고도 없이 홀연히 찾아왔던 것이다. 회색 싱글에 노타이의 경쾌한 모습인 그는 아주 핸섬한 청년이어서 마치 영화배우와 같은 인상마저 풍기고 있었다. 때마침 직장 일로 도시 설계에 여념이 없었던 나는, 이 이색적이고 당돌하

기까지 한 미지의 방문객에 대하여 다소의 경계심을 가지고 맞이
하였던 것도 사실이다. 이를 눈치챘던지,

"김 형은 나를 잘 모르실 테지만, 나는 김 형이 일본에서 모더
니즘 운동단체인 '바우VOU' 그룹에 참가하였던 사실과 그 당시의
김 형의 작품을 읽고 있어서 김 형을 익히 잘 알고 있소."

이렇게 그는 마치 십년지기十年知己를 찾아온 사람과도 같이 청
순하고 악의 없는 웃음으로 악수를 청해 오는 것이었다. 나는 그
때의 인환의 그 웃는 얼굴을 아직도 버리지 못하고 있을 만큼 그
의 웃음에 매료되고 말았다.

그날 밤, 우리는 명동의 어느 다방에서 현대시가 장차 어떠한
방향으로 전개되어 가야 하는가에 대하여 때로는 차분하게, 때로
는 흥분하기도 하며 심각하게 논의도 하였다. 그 당시의 문단의
혼란상에 대하여 개탄도 하고 격분도 하였다.

이렇듯 박인환은 자신의 시적인 경향과 비슷한, 다시 이야기해
서 '모더니즘'이라는 현대적 기법을 가지고 시를 쓰는 김경린을
직접 찾아가 만난다. 바로 이러한 만남은 이들을 중심으로 하는
모더니즘 그룹인 '신시론新詩論' 동인을 형성하게 되고, 『새로운
도시와 시민들의 합창』이라는 앤솔러지를 발간하며, 〈후반기後
半期〉 동인을 결성하는 중요한 만남이 된다. 그렇게 하여 이들은
서로의 시적인 공통점을 발견하고 이내 급속도로 가까워진다.

박인환이나 김경린의 궁극적인 생각은, 박인환의 말처럼 '멋있

는 현대시 운동, 멋있는 모더니즘 운동'을 전개하는 데에 있었다. 박인환 등이 말하는 모더니즘 운동이란 다름 아니라, 당시 구미 각국에서 벌어지고 있는 현대시 운동과 발맞추고, 그들에 비견 될 수 있는 시운동을 뜻하는 것이다. 즉 프랑스의 앙드레 브르통의 추종자들에 의해서 전개되는 신초현실주의, 또는 영미의 이미지스트인 에즈라 파운드(Ezra L.Pound, 1885-1972), 엘리엇(Thomas S.Eliot, 1888-1965) 등의 뒤를 이어 나타나는 일군의 현대시 그룹의 움직임, 이들에 영향을 받고 생겨난 전후 일본의 현대시파들과 대등한 대열에서, 그들이 추구하는 현대성을 한국의 시에도 이식시켜야 한다는 것이 바로 이들의 생각이었다. 그러므로 자연 이들의 한국 문단에서의 선배는 곧 1930년대 후반기에 모더니즘의 시를 썼던 김기림, 이상, 김광균, 장만영 등이 된다.

아울러 이들이 극복하고자 한 가장 우선적인 목표는 좌익의 문인도 우익의 문인도 아닌, 재래적 관습(소위 모더니스트를 표방하는 이들의 표현에 따르면)에 따라 시를 쓰는 기성의 시인들이 된다. 즉 종래의 고루한 관념과 낡은 서정의 세계에서 벗어나 새로운 현대적인 감성 위에서 시를 써야 한다는 것이 바로 이들의 생각이었던 것이다. 이는 바로 기성에 대한 거부이며 적극적인 반발이기도 하다.

이러한 모더니즘 시운동이 결과적으로 좋은 결실을 맺었든 혹은 못 맺었든, 그 시사적詩史的 가치의 경중輕重은 그만두고라도, 이들이 지녔던 새로운 현대시에 대한 열망은 당시 대립과 충돌,

이로 인해 혼란스러워진 문단을 뛰어넘을 수 있는 시를 향한 순수한 열정이었다고 할 수 있다. 그러므로 이들의 진정한 가치는 기성에 대한 거부와 그로부터의 초월, 그것을 통해 도달하는 문학에의 순수한 열도에 있었다고 생각된다.

이러한 새로운 시의 경향의 출현을 예고한 것은 1946년 9월 박인환의 발안發案으로 계획된 문학 행사이다.(물론 이때는 김경린을 만나기 이전이지만 이미 김수영, 이한직 등 시에 관한 생각이 같은 시인들을 박인환은 〈마리서사〉를 통해 만나고 있었다.) 이 무렵 〈마리서사〉는 거의 폐업 상태에 도달한 것이고, 새로운 현대시 서클을 만들어야겠다는 집념으로 박인환은 바쁘게 뛰어다녔다. 그 결과 그는 김수영, 임호권, 김병욱, 이한직, 양병식 등과 함께 영문학자 김경희를 추가하여 문학 서클을 만들자고 제의하게 된다. 그 첫 행사로 이들은 '전후 세계의 현대시의 동향과 새 시인 소개'라는 커다란 타이틀 아래 문학 강연, 시 낭독 등의 행사를 기획하기에 이른다.

이때 행사의 프로그램 초안을 살펴보면, 사회는 이한직이 보기로 하고, 선언문 낭독은 송기태, '현 시단에 보내는 메시지'를 박인환이 낭독하며, 번역시 낭독을 박인환·김수영, 원시原詩 낭독을 김수영·김병욱·이한직 등이 하기로 되어 있다. 이 외에 자작시 낭독, 강연 등을 계획하고 있었던 것을 알 수 있다. 이는 박인환이 만든 초안이다. 특히 이 초안에서 눈에 띄는 것은 '선언문 낭독'과 '현 시단에 보내는 메시지'라는 부분들이다. 이 행사가 실제로 실행되지 못하고 무산되었기 때문에 정확한 내용은 알 길이 없지만, 이 행사의 성격은 기성 시단에 대한 반성과 변혁을 촉구하는 것이었음에 틀림이 없다. 특히 서구의 초현실주의, 모더니즘 등의 새롭다면 새로운 경향을 소개하고, 새롭게 만들어지는 자기 그룹의 성격과 지향점 등을 제시하는 동시에, 자신들의 새로운 출발점을 공고히 하겠다는 데에 주요 목적이 있었다고 생각된다.

이러한 모든 행사의 기획과 계획이, 기울어져 가는 서점 〈마리서사〉를 중심으로, 새로운 정열과 감격, 나아가 기성의 시 세계를 강하게 거부하던 박인환을 중심으로 진행되었던 것이다. 그러나 이들의 정열만큼 이를 뒷받침할 현실적 여건이 이들에게는 없었다. 다시 이야기해서, 이들의 현대시에의 정열은 너무 컸던 반면 이를 실행할 현실적인 역량은 너무나 작았던 것이다. 결국 이들은 행사조차도 갖지 못하고 이를 유산시켜 버리고 만다.

그런저런 일로 해서 박인환은 입버릇같이 "어디 멋있는 친구가 있어야지. 세상에 멋있는 친구 말야!" 하며, 자신과 뜻을 같이할 친구, 정말 자신의 바람대로 현대시의 새로운 운동을 전개할 친구를 아쉬워하곤 했었다. 그러므로 그는 경향과 뜻이 조금이라도 자신과 부합된다고 생각하면 서슴지 않고 찾아가 인사를 했고, 이내 가장 솔직하게 자신의 현대시에 대한 포부와 지향점을 이야기하곤 했다. 바로 이러한 그의 열정이 야밤에 김광균을 느닷없이 방문하게 한 것이요, 김경린의 사무실로 아무 예고도 없이 불쑥 찾아가게 한 것이다.

새로움을 향한 열망이란 궁극적으로 미지를 향한 열망이다.

17·8세기 영미英美 시단의 존 드라이든(John Dryden, 1631-1700), 또는 포(Edgar Allan Poe, 1809-1849) 등에 의해 이룩된 정형적 시의 정원庭園을 떠나, 황무지荒蕪地와 같은 광야를 헤매며 새로운 현대시의 정원을 꿈꾸던 영미 시인들은 당시의 누구도 꿈꾸지 못했던, 현대라는 저 광활하고 복잡다기한 평원을 이끌고 그들의 고향 영미 시단으로 되돌아왔다. 그들은 새로움이라는 미지의 세계 속으로 과감히 들어갈 수 있었으므로 새로운 지평을 열 수가 있었던 것이다.

그러나 한편으로 그들이 이렇듯 새로운 지평을 열 수 있었던 것은 전통에 대한 '거부와 수용'이라는 변증법적 대처의 결과라는 사실도 우리는 명심해야 할 것이다. 전면 부정이 아닌, 전통에 대한 부정과 긍정, 그러므로 버릴 것과 취할 것에 대한 보다 뚜렷한 판단 기준의 설정, 즉 무형의 정신을 자신의 내면적 의미로 받아들이는가 하면, 유형의 형식을 거부함으로써 새로운 정신을 창조하고자 하는 이들의 전통에 대한 수용과 거부의 정신이 곧 영미시의 새로운 지평을 연 것으로 생각된다.

이러한 영미의 새로운 일군一群의 시인들에 대한 풍자적인 이야기를 우리는 영국의 계관시인桂冠詩人 루이스(Alun Lewis, 1915-1944)의 입을 통해 들을 필요가 있다.

어느 집 둘째 아들이 아버지, 어머니의 끊임없는 잔소리에 기분도 상하고, 또 일 년 열두 달 변함없는 밭농사에도 염증이 나서,

자신의 물건을 챙겨서 훌쩍 고향을 떠나 멀고 먼 여정旅程을 떠나는 것과 같은, 그러한 예는 영시英詩의 세계에도 몇 번이고 있었던 일이다. 이 아들의 소식은 바람 편에 우리들의 귀에까지도 들려오나, 그 풍설은 대개의 경우 좋지 않은 평판이고 게다가 이것도 대개는 옳지 않게 전해져 온다. 이것은 결국 멀고 먼 바다를 건너지 않으면 안 되는 소문이었기 때문이다.

들자니 집 나간 아들이 타국 여자한테 반해서 지낸다고도 하고, 또 그 여자인즉 유령이라기도 하고, 몇 푼 되지도 않은 여비조차 다 떨어지고 영어 말투까지도 잊어버렸고, 아버지 얼굴에 똥칠을 했다느니, 사막 한가운데에서 미쳤다고도 하고, 몇 년 전 죽었다고도 한다. 고향에선 모두 근심에 싸이게 된다. 다만 그 아버지만이 아무 일 없는 듯이 미소를 띠고 있을 뿐이다. "나의 씨라면 다 그런 것이다." 하고 자랑이라도 하듯이.

이러한 소문이 분분한 가운데 그 둘째 아들이 돌아온다. 그런데 맥빠진 방탕아로 돌아올 줄 알았던 아들은, 그 반대로 기운도 있고 돈도 많이 벌었고 사람이 더 착실해져서 돌아온 것이 아닌가. 듣자 하니 살던 곳엔 여러 평수의 농토를 경작 중이고 은행에는 예금도 있고, 무엇보다도 말하는 이야기가 모두 진기珍奇한 것이 아닌가. 게다가 훌륭한 자녀들까지 있다고도 하지 않는가. 사람들은 이 아들에게 "자네가 반드시 성공할 것이라는 것을 항상 믿고 있었네." 하고 이야기는 하지만, 마음속에는 어딘가 걸리는 것이 있다.

둘째 아들이란 어느 가정에서고 집안의 전통을 잇지 않고 나가 사는 것이 일반적이다. 그러므로 가업家業이 아닌, 다른 면에서 새로운 가업을 일으킬 가능성을 지닌 사람들이다. 이는 비록 서양의 문화권에서 흔히 볼 수 있는 일이기는 하지만, 박인환은 우리 시단의 둘째 아들, 그러므로 가업이라고 할 수 있는 한국의 전통적 시의 흐름을 거부하고 새로운 세계를 스스로 이룩해 보려고 노력했던 시인이다. 그러나 박인환의 새로움을 향한 의지는 이를 실현시킬 여건의 불비不備로 인하여 결국 그 '전후 세계의 현대시의 동향과 새 시인 소개'라는 타이틀 아래 전개될 '현 시단에 보내는 메시지'는 공허한 메아리만 남기고 1949년 냉랭한 가을 하늘만 맴돌 뿐이었다. 그러므로 그는 확실하게 하나의 시적 흐름을 만들어 갈 수 있는 보다 강하게 결속된 동인同人의 결성을 필요로 했고, 김경린·김수영·임호권·양병식 등과 앤솔러지(anthology, 시선집)『신시론新詩論』, 『새로운 도시와 시민들의 합창』을 계획하게 되는 것이다.

2. 명동의 밝은 불빛 아래로

1970년대 후반까지만 해도 한국의 제일가는 상가商街, 유행을 선도하는 양장점, 주객의 흥취를 자아내는 술집들이 한데 모여 고혹蠱惑의 시가를 이루었던 곳이 명동이다. 그 이후 몇십 년 동안, 한강을 건너 서울의 남단에 새롭게 형성된 시가市街인 강남 지역의 성장으로 인하여 그 빛을 잃어가고 있다. 1990년대까지만 해도, 명동은 한국 유행의 본산으로서의 면모를 다소 유지하고 있었다. 그러므로 아침·저녁·밤 할 것 없이 수많은 사람이 하나의 커다란 대열을 이루어 지나는 거리이며, 그 불빛도 찬란한 면모를 그래도 유지하고 있었다. 그러나 이후 중국과의 국교가 열리고 명동에 있던 대만臺灣 대사관이 중국 대사관으로 바뀌고, 많은 중국 관광객이 몰리는 거리로 바뀌었다. 그래서 이들 관광객을 위한 음식점이나 화장품 가게, 옷가게 등이 대신 들어섰고, 외국인 관광객으로 북적거리는 거리로 바뀌었다.

이러한 명동은 1945년 8·15부터 1950년대 초반까지, 대한민국의 문화촌文化村이었다. 지금의 양장점과 술집, 양화점이 있는 그 자리에는 신문사, 잡지사, 문총文總 등이 있었고, 문인·예술가들이 예술에 대해 뜨겁게 열을 올리며 토론하던 목로술집, 명곡들이 흘러나오는 다방들이 있었던 곳이었다. 그러므로 이 거리는 문화인의 거리, 예술인의 거리였다. 예술가를, 혹은 시인을 만나고 싶을 때 이 거리로 나가면 언제고 만날 수 있었고, 그들이 옆으로 비딱하게 걸친 베레모와 파이프에서 피어오르는 푸른 색조의 담배 연기를 볼 수 있었으며, 클래식 음악에 젖어, 또는 인생의 깊은 내면에 침잠해 있는, 그들의 예술가적인 모습을 명동에서는 언제나 볼 수가 있었다.

예술가들의 거리 명동에 박인환이 그 타오를 듯한 가슴을 안고 나타나기 시작한 것은 그가 〈마리서사〉를 시작하던 1945년 무렵이다. 커다란 키에 언제고 정장을 즐기는 그는 왼손에는 항시 둘둘 만 책(대체로 영문서적이었다고 한다.)을 들고 있었고, 만나는 사람마다 친절한 웃음, 조금은 과장된 제스추어를 지어 보이곤 했다. 그렇게 명동에 발을 디딘 그는 예술가들의 본산지 같은 〈에덴〉, 〈돌체〉, 〈마돈나〉, 〈라아뿌륨〉 등 좋은 음악과 따뜻한 커피가 준비되어 있는 다방을 드나들곤 했다.

그때 예술가니 문인이니 하는 사람들은 대부분 일정한 직장도 없었고, 집에 전화를 놓는다는 것은 상상도 하지 못하던 때라, 이들은 모두 명동에나 나가야 연락이 닿을 수 있고 또 소식도 들을 수가 있었다. 그런가 하면 특별히 하는 일이 없는 사람들에게 시간을 보낼 수 있는 장소가 되기도 했다. 그러므로 일단 명동 거리로 나서기만 하면 많은 사람들을 만날 수가 있었다.

박인환도 이곳 명동을 드나들면서 이 다방 저 다방, 이 술집 저 술집에서 많은 사람과 인사를 나눌 수가 있었다. 명동 파출소 골목 안에 있는 〈에덴〉 다방에는 송지영, 이봉구, 김용호 등이 자주 모였고, 그 옆에 새로 생긴 〈마돈나〉에는 김동리, 조연현, 김송 등의 문협文協 사람들이 많이 모였다. 당시 장만영이 경영하던 〈하루방〉에는 김기림, 김광균, 김병욱 등이 모였고, 건너편 골목의 〈휘가로〉에는 최재덕, 양병식, 김수영 등의 모습이 자주 보였다. 시공관市公館에서 명동 입구 쪽으로 있는 다방 〈라아뿌륨〉에는 박태진, 전봉래 등이 자주 모였고, 중국에서 해방과 함께 돌아온 소설가 김광주가 이들과 함께 어울리기도 했다.

젊은 화가, 시인들을 비롯해 명동에 모여든 예술가들은 다방의 테이블에 둘러앉아 음악을 들으며 커피를 마시고, 때로는 세상 이야기에서 명동의 자질구레한 이야기까지 담소談笑하며 담배 연기와 그 사이를 흐르는 음악의 멜로디에 젖어 낮 시간을 보내다가, 하나둘 상가에 불이 켜지고 명동에 어둠이 내리기 시작하면 다시 다방 주위에 있는 목로주점, 선술집 등으로 꾸역꾸역 모여든다. 이러한 명동의 예술적 분위기에 박인환이 쉽게 빠져들게 됨은 당연한 일이었다.

이런 생활 속에서 박인환은 결혼을 한 데다 〈마리서사〉도 집어치워 아무런 직업을 갖지 않다가, 1948년 겨울 〈자유신문사〉에 입사하게 된다. 그러나 이 신문사도 월급이 제대로 나오지 않고, 첫아이 세형世馨을 출산할 날은 가까워져 오면서 박인환의 고뇌는 더욱 깊어가기만 한다. 그러나 그의 외적인 표정은 언제고 밝았으며, 조금도 생활의 어려운 모습을 남에게 보이지 않았다. 티끌만큼의 어려움도 내색하지 않으며 그는 이봉구·최재덕·김광주 등과 어울려 〈명동장〉, 〈무궁원〉 등에서 밤이 늦도록 술을 마시곤 했다. 그 당시는 다 어려울 때라 그러려니 했지만, 깊게 깔린 박인환의 고뇌는 아무도 알지 못했다.

박인환이 술을 많이 마시기 시작한 시기는 정확히 알 수 없다. 분명한 것은 총각 시절, 신혼 초기에는 거의 술을 마시지 않았다는 것이다. 명동으로 진출을 하고, 신문사 생활을 하고, 김광주를 만난 이후부터 그는 조금씩 술을 입에 대기 시작했다고 한다. 그러나 그의 술은 풋술이었지 결코 호주가好酒家의 술은 아니었다. 즉 명동의 밝은 불빛과 어디에고 구속될 수 없는 자유로운 정신, 마음이 맞는 친구와 선배, 이러한 주위의 환경이 그에게 술을 마시게 한 것이다. 그런가 하면 이 명동의 밝은 불빛 아래에서 벌어지고 있는 예술에의 광폭적인 대화들이 가일층 그를 취하게 했을 것이다.

한 개인이 자기의 세계를 자각하는 방식은 그 개인이 지닌 기본적인 관심 또는 신념과 가치, 더 나아가서는 몇 가지 무의식적 구조 및 메커니즘과도 기능적인 연관을 맺음으로써 이룩되는 것이라고 생각된다. 이러한 관점에서 볼 때, 박인환 개인이 지니고 있었던 기본적인 관심이나 신념은 보다 치열한 예술 세계로의 돌입이며, 이를 통해 보다 확연한 자신의 면모를 정련精鍊하는 데 있었다. 그러므로 이러한 내면적 요소와 새로운 정신을 요구하는 시대적 상황, 다소 산발적이기는 하지만 이러한 양상의 집합체적인 모습을 보이고 있는 명동의 밝은 불빛은 그로 하여금 술을 마시게 하고 가끔은 취하게 했던 것이다. '취함과 깨어남', 그 속에서 바라다보는 자신의 어두운 내면. 비록 겉으로는 화려하고 아무런 어려움이 없는 듯했지만, 무의식의 핵과 같이 도사리고 있는 불안한 내면을 바라보면서, 그는 하나둘 문을 닫는 상가商街의 쓸쓸한 불빛을 받으며 어두운 회랑廻廊 같은 도시의 거리를 지나 집으로 돌아오곤 했다. 그의 시 「잠을 이루지 못하는 밤」에서와 같이, 힘없이 돌아온 집에는 그를 기다리는 가족들이 그의 내면과는 상관없는 한 가장家長의 모습을 바라보고 있었던 것이다.

넓고 個體개체 많은 토지에서

나는 더욱 고독하였다.

힘없이 집에 돌아오면 세 사람의 가족이

나를 쳐다보았다. 그러나

나는 차디찬 壁벽에 붙어 回想회상에 잠긴다.

이즈음 그는 이러한 그의 정신이 잘 반영된 시를 《민성》(1949년 4월호)에 발표하였다. 훗날, 박인환의 아들이 아버지의 시를 정리하고 또 박인환의 옛 친구들로부터 회고담을 중심으로 책을 꾸밀 때에 만든 박인환 연보年譜에는 '산문'으로 나와 있는 「정신精神의 행방行方을 찾아서」는 사실은 '시'의 제목이다.

(전략)

영원의 바다로 밀려간 반란의 눈물

화산처럼 열을 토하는 지구의 시민

냉혹한 자본의 권한에 시달려

또다시 자유 정신의 행방을 찾아

추방, 기아

오 한없이 移動이동하는 운명의 殉敎者순교자

사랑하는 사람의 衣裳의상마저

이미 생명의 外接線외접선에서 폭풍에 날아갔다.

온 세상에 피의 비와 종소리가 그칠 때

시끄러운 시대는 어디로 가나

강렬한 싸움 속에서

자유와 민족이 이즈러지고

모든 건축과 원시의 평화는

새로운 증오에 쓰러져 간다.

아 오늘날 모든 시민은

靜寞정막한 생명의 存續존속을 지킬 뿐이다.

다소 산만하고 관념적인 어구들이 눈에 거슬리는 시이기는 하지만, 아무런 정신적 의지처依支處도 만나지 못한 채 배리背理되는 현실과 '적막한 생명'만을 존속시키는, 당시 정신의 무적無籍 상태를 노래하고 있음을 알 수 있다. '사랑하는 사람의 의상衣裳마저', '생명의 외접선外接線에서 폭풍에 날아가' 버린 정신의 무국적無國籍 상태를, 그는 술이 깬 아침 가장 확연히 절감하곤 했다. 그러므로 다시 종로로, 명동의 밝은 불빛 밑으로 모여들고, 시인과 예술가들이 와글거리는 〈모나리자〉에서 〈돌체〉로, 〈돌체〉에서 〈에덴〉으로, 또 여기서 선술집으로 몸 비비며, 정신의 무국적을 보듬을 사람을, 그들과의 참담한 대화를 찾아 나서곤 했던 것이다.

명동 시절 중 그는 이러한 시대적 분열과 의지할 데 없는 참담한 정신의 위기감 속에서 한층 더 동인 결성의 필요성을 절감하게 된다. 다시 이야기해서 이러한 시대적 불안과 안착安着하지 못하는 정신의 극기를 위해서는 무엇보다도 서로의 몸을 비비며 정신적 동지애를 느낄 수 있는 현대 정신의 집합체인 동인이 절실히 필요했던 것이다.

오랜 모색과 담합 끝에 그러한 필요성에 공감하여 김경린, 김병욱, 박인환, 김경희, 임호권 등은 〈후반기〉 동인의 전신前身인 〈신시론〉을 결성하게 된다. 그 후 〈신시론〉은 〈후반기〉로 이어지고, 한국 모더니즘 시운동의 중요한 핵심체가 된다.

그들이 후일 부산 피난시(1952년 6월 16일) 《주간국제》에 피력한 출발의 의의를 살펴보면 다음과 같다.

정치가는 그 권력으로써 현실을 조리調理하여야 한다면, 작가는 이 현실을 저항 정신으로써 구체화하여 인간과 인간과의 융합을 도모함에 그 의무가 존재할 것이라고 본다. 여기에 불안한 세대의 증인으로서의 작가의 의무는 현대를 능히 지支할 수 있는 새로운 세계관을 중심으로 한 현대적인 인간상을 수립하여 불안한 인간으로 하여금 사는 바 길을 밝힘에 있을 것이다. 벌써 현대의 황폐 의식은 낡은 세계관 속에 숨어서 존립할 수는 없으리만치 입체적이며, 또한 강한 힘으로 우리에게 다가오는 그 무엇으로부터 위협을 당하고 있다. 그것이 바로 인간의 존엄성을 무시하려는 '이데올로기'의 침입으로 인한 불안이라면, 우리는 오늘날 흥분된 추상적인 애국시라든가, 하물며 현실과 유리遊離한 소위 순수주의로서는 이에 대항할 수 없음을 너무나 잘 알고 있기 때문에 하나의 새로운 실험을 하려는 데 출발점을 갖고 있는 것이다.

〈신시론〉 동인의 출발은 첫째, 현대라는 한 불안의 시대에 대한 인식에서부터 비롯되고 있는 것을 알 수 있다. 다시 말해 이러한 불안의 시대에 보다 뚜렷한 정신을 세움으로써 이 불안감을 극기하고자 했던 것이다. 둘째로 이들은 시대적 불만의 극기를 위해서는 '흥분된 추상적인 애국시'나 '현실과 동떨어진 순수주의'의 서정시는 결코 바람직스럽지 못할 것이기 때문에 '새로운 실험' 의식에 그 출발점을 둔다고 밝히고 있다.

이렇듯 이들은 기성 시단과 현대라는 황폐한 들판, 이 시대가 주는 불안 의식, 그러므로 상실되는 인간과 인간의 유대 의식을 회복한다는 커다란 캐치프레이즈catch-phrase를 내세우고 『신시론』 1집을 발간하게 된다. 작품 수집 등 대외對外 관계는 활동성이 강한 박인환이 주로 맡아서 진행했고, 편집 및 장정은 김경린이 맡았다. 발행은 산호장珊瑚莊을 경영하던 장만영이 해 주었다. 책은 국판 16페이지에 불과한 것이며, 표지도 없이 적은 분량에 보다 많은 양의 작품을 실으려고, 하단에는 시론과 에세이를 가득 싣고, 상단에 시를 실어 꽤 많은 양의 글이 실렸던 잡지이다. 이 잡지가 출간된 것은 1948년 4월이다.

책이 나오자, 시단의 반응은 예상외로 좋았다. 기분이 좋아진 박인환은 다방을 들락거리며 '됐어 됐어'를 연발하며 다녔다. 당시 『신시론』에 대한 반응을 김경린은 다음과 같이 이야기하고 있다.

발행자인 장만영 씨도 매우 만족해하였으며, 김기림 씨도 많은 감명을 받았었다는 말과 함께 격려를 하여 주었던 일이 생각난다. 그런가 하면 많은 비난도 뒤따랐다. 이데올로기를 지상과제至上課題로 삼던 시인들로부터의 기총소사機銃掃射가 그러했고, 자연과 고전적인 세계에 안주하면서 주로 평면적인 표현 방식에 의하여 시를 노래하던 시인들로부터 난해한 시라는 비판이 그러했다.

즉 1930년대 모더니즘을 지향하던 시인이었던 김기림, 장만영은 이들을 격려했지만, 그 외의 시인들로부터는 심한 반발을 받았다는 이야기이다. 반발은 역설적으로 지대한 관심의 표명이다. 비록 영성零星한 잡지 형태의 동인지였으나, 새로운 모더니즘의 기수로 그 첫발을 내디디며 폭넓은 비난과 격찬이 교차했던 잡지였다. 그 당시 시단의 관심은 1년이 지난 1949년에도 나타나고 있으니, 양운한의 〈시단회고 4년詩壇回顧四年〉(《민성》 38호)이라는 글에 "모더니즘을 들고 나온 동인제 시지 『신시론』이 역시 1집을 내놓고 소식이 묘연하다."라고 이야기하고 있다.

박인환, 그는 자신을 가만히 두지 못하는 사람이다. 한시라도 가만히 있으면 자신이 낙오가 된다는 생각을 하는 사람이다. 그러므로 바쁘게 사람들을 만나고, 무언가 일을 추진해야 했던 사람이다. 현대시의 운동으로 '전후 세계의 현대시의 동향과 새 시인'이라는 문학 행사를 추진했으나 이것이 유산되자 이에 그치지 않고 이들과 재결합을 추진하여 모더니즘 그룹인 〈신시론〉 동인을 결성하고, 또 이에 따른 동인지를 발간한다. 그는 지칠 줄 모르는 정열과 무엇에 도달하겠다는 강한 성취 의욕을 1940년대 후반기 명동이라는 예술인의 거리, 그 밝은 불빛 아래에서 불태웠던 사람이다.

3. 새로운 도시와 시민들의 합창

『신시론』이 세상에 나온 지 1년이 지난 1949년 4월 김경린, 박인환, 임호권, 김수영, 양병식 다섯 사람은 그 제목만 들어도 우렁찬 합창이 이내 터져 나올 듯한 합동 시집 『새로운 도시와 시민들의 합창』을 세상에 내놓게 된다. 이는 〈신시론〉 동인의 두 번째 동인지가 되는 셈이다.

첫 동인지 『신시론』이 시단에 지대한 관심과 함께 커다란 파문을 던지게 되자 이들은 의기양양하며 기분이 좋아졌다. 그 여세를 몰아 그들은 본격적인 동인 운동을 벌이자고 다짐을 하며, 술판을 벌이고 곤드레만드레 취한 상태에서도 다음 동인지 계획을 이야기하곤 했다.

신바람이 난 이들은 곧 다음 동인지 발간 작업에 착수했다.『신시론』때와 마찬가지로 원고 수집은 박인환이 맡고 편집은 김경린이 담당하기로 했다.

그런데 두 번째 동인지를 준비하면서, 이들에게 몇 가지의 문제가 생기기 시작했다. 처음부터 다소 생각이 달랐던 김병욱에 의해서 이 문제는 제기된다. 새로운 국가 건설이라는 민족이 직면한 현실과 이러한 현실에 대응할 수 있는 새로운 시운동을 벌이자는 것이 김병욱의 생각이었다. 그러나『신시론』에 담겨진 시는 대체로 모더니즘이라는, 새로운 시적 표현 방법에 경도된 작품이었다. 그런가 하면, 이들이 지니고 있는 현실 감각은 김병욱의 그것과는 다른 것이었다. 즉 김병욱이 표방하던 현실 의식은 이데올로기에 좀 더 경도된 직접적인 것이었다면,『신시론』의 동인들에게 중요했던 것은 '현대라는 황폐한 뜰'에서 이를 극기하고자 하는 인간 정신의 순수한 표백이었다. 그러므로 김병욱의 눈에는 이들의 시가 단순한 '모더니즘 플러스 예술 지상주의'와 같이 보였던 것이다. 이러한 '새로움'에 대한 견해의 차이는 불화를 일으키고, 김병욱 등은 탈퇴를 선언하기에 이른다. 그러므로『신시론』의 2집 격인『새로운 도시와 시민들의 합창』에는 김경린, 박인환, 임호권, 김수영, 양병식 다섯 사람만이 참가하게 된다.

이에 수록된 시인들과 작품들을 보면 다음과 같다.

김경린 :「매혹의 연대」「파장波長처럼」「무거운 지축을」「나부
       끼는 계절」「선회하는 마을」「빛나는 광선이 올 것을」

임호권 :「잡초원雜草園」「생명의 노래」「생활」「검은 비애悲哀」「시내」
박인환 :「장미의 온도」「열차」「지하실」「인천항」「남풍」「인도네시아 인민에게 주는 시」
김수영 :「명백한 노래」「아메리카 타임지」「공자의 생활난」
양병식 :「역시譯詩 3편」「결코 실재하지 않지만」「우인友人 피카소에게」「나는 자기를」

번역시를 포함한 총 20편의 시가 실린 이 앤솔러지詩選集는 첫 번째 동인지『신시론』때보다 더 강한 파문을 문단에 던지게 된다. 그때는 이미 청록파 삼가시인三家詩人의《청록집》이 세상에 나온 지 2년 이상이 지난 뒤이다. 그러므로《청록집》이 지니고 있는 전통적 서정의 세계와는 전혀 다른, 도시적 우수憂愁가 깃든 이들의 현대문명 비판 시들은 또 다른 각도에서 많은 호응을 얻는다.

특히 암울한 시대의 돌파구를 찾아 방황하던 당시의 청년층과 학생들에게는 더없이 커다란 호응을 받는다. 새로운 서구의 지식에 눈뜨기 시작하고, 서구의 것은 무조건 새로운 것으로 받아들이던, 어찌 보면 무분별하기까지 한 서구에 대한 선망이 만연했던 당시의 사조로 볼 때, 이들이 지니고 있던 서구지향적西歐指向的 일면은 당시 젊은 층에게 강하게 부각되지 않을 수 없었던 것이다.

문학평론가 백승철은 [시대고時代苦의 서구주의]라는 박인환론에서, 50년대라는 '검은 준열의 시대'를 깊이 절감하며 시를 썼던 박인환을 일컬어, '황폐하고 살벌한 정신적 풍토 위에 도시적 서정을 부활'시키려는 시인이었다고 피력하고 있다. 그런가 하면, 어느 국문학도의 석사학위 논문에는 '서구적인 감각으로 도시적 서정주의를 한국에 토착화'하려고 애쓴 시인이었다고 논술하고 있다. 결국 이 양자兩者의 견해는 서로 같은 것이다. 이런 면에서 볼 때, 박인환이 천성적으로 지닌 센티멘털리즘의 바탕과 서구 지향적인 취향, 나아가 현대라는 현실과 직면하고자 하는 대결의식 등은 그를 서구적 감각을 갖춘 도시적 서정주의의 시인으로 만들었음을 우리는 알게 된다.

여기서 우리는 그가 『새로운 도시와 시민들의 합창』 후미에 붙였던 「불안과 희망 사이에서」라는 발문을 읽어 볼 필요가 있다.

① 나는 불모의 문명, 자본과 사상의 불균정不均整한 싸움 속에서, 시민 정서에 이반離反된 언어작용만의 어리석음을 깨달았었다.
② 시가지市街地에는 지금은 증오와 안개 낀 현실이 있을 뿐 더욱 멀리 지난날 노래하였던 식민지의 애환哀歡이며 토속土俗의 노래는 이러한 지구에 가라앉아 간다.
③ 그러나 영원의 일요일이 내 가슴 속에 찾아든다. 그러할 때에는 사랑하던 사람과 시의 산책의 발을 옮겼던 교외郊外의

원시림으로 간다. 풍토와 개성과 사고의 자유를 즐기던 시의 원시림으로 간다.
④ 아, 거기서 나를 괴롭히는 무수한 장미의 뜨거운 온도. (번호는 편의상 필자가 붙였음)

발문의 제목이 되는 '불안과 희망 사이'라는 말은 그가 1955년 출간하는 『선시집』 후기에도 보이는 말로 그의 시 세계를 암시하는 중요한 표현의 하나이다.

여하튼 나는 우리가 걸어온 길과 갈 길, 그리고 우리들 자신의 분열分裂한 정신을 우리가 사는 현실 사회에서 어떻게 나타내 보이며, 순수한 본능과 체험을 통해 본 불안과 희망 두 세계에서 어떠한 것을 써야 하는가를 항상 생각하면서 작품들을 발표했었다.

- 『선시집』에서

즉 그는 '희망적'으로 살아야겠다는 마음과 현실이라는 암담한 현장에서 체험하게 되는 '불안'을 늘 빛과 그림자같이 가슴속에 지니고 살아왔으며, 나아가 이 두 세계를 어떻게 하면 시라는 예술로 승화시킬 수 있을까 하고 고뇌했던 것이다.

박인환은 본질적으로 긍정적인 사고방식을 지닌 사람이며, 모든 일에 적극적이고 희망적인 생각을 가진 사람이다. 그러므로 그의 내면 한쪽에 언제나 자리한 '희망'이라는 것은 그가 지닌 본래적인 면이라 할 수 있다. 그러나 인용문 ①에서 보는 바와 같이 '불모不毛의 문명', '자본과 사상의 불균정不均整한 싸움' 등은 긍정적이며 희망적인 삶의 태도를 지닌 그에게 또 다른 각도에서 엄습해 오는 불안의 요인들이기도 하다. 이러한 현실은 '단순한 언어작용'만으로는 불안의 요소를 떨쳐버릴 수 없음을 깨닫게 하고, 나아가 '증오와 안개 낀 현실만이 펼쳐진 시가지市街地'를 참담하게 바라보게 한다. 아울러 인용문 ②에서 이야기하는 바와 같이, '식민지의 애환哀歡'이며, '토속土俗의 노래'인 지난날의 노래는 필연적으로 이 세대 밖으로 떠밀려갈 수밖에 없음을 그는 차분한 목소리로 그러나 강력한 호소를 담아 주장한다. 이것들은 '현실 극기'에 아무런 도움이 되지 못하는 것이라고 박인환은 생각하기 때문이다.

영원의 일요일이 안식과 함께 그의 가슴 속으로 찾아들 때, 그는 모든 현실을 초월한 상태에서 '풍토와 개성과 사고의 자유를 즐기던 시의 원시림'을 찾아간다. 그 개성과 사고의 자유가 충만한 시의 원시림에서 시라는 예술을 향한 뜨거운 장미의 열도熱度, 뜨거운 자신의 내면적 열망을 만난다. 어쩔 수 없이 그는 그 시대의 암담한 현실, 현대라는 '검은 준열의 시대' 위에 서서 자신의 노래를 불러야 하는 시인이 되고 마는 것이다.

박인환의 시가 많은 독자를 확보하고 있는 이유도 바로 이러한 점 때문이라고 생각한다. 현대라는 황폐한 광야를, 기계 문명의 폭주를 공연히 격앙된 목소리로 노래한 것이 아니라, 이러한 현실에 직면한 자신의 어둡고 불안한 의식, 한 개인의 어두운 내면을 통해 조금도 모자람 없이 노래할 수 있었기 때문이다. 그러므로 보다 진실된 한 인간의 모습을 보일 수 있었다는 점이 많은 독자의 가슴에 공감대를 형성한 주요 요인이라고 생각된다.

이러한 시대적인 불안과 함께 박인환에게 떨쳐버릴 수 없던 것이 곧 '실존'에 대한 인식이다. 그는 사르트르(Jean Paul Sartre, 1905-1980)를 읽고, 카프카(Franz Kafka, 1883-1924)를 읽고, 키르케고르(Søren A.Kierkegaard, 1813-1855) 등 서구의 사조思潮와 철학을 대변하는 소설가, 철학자의 서적들을 탐독한다. 이러한 독서를 통해 전후戰後 서구의 어둡고 황폐한 현실과 이를 극기克己하려는 철인哲人들의 고뇌를 읽는다. 그러나 아직 30세 전이라는 젊은 나이에 대하는 서구의 철학은 그에게 너무나 벅찬 것이기도 했다. 또 그것들은 시화詩化하기에는 너무나 어려운 문제들을 많이 담고 있다. 그러나 때때로 이러한 정열의 결실이 산문으로 발표되기도 하는데, 1948년 10월 『신천지新天地』 30호에 실린 박인환의 [사르트르의 실존주의實存主義]라는 평론이 대표적이다. 같은 지면에 동인인 양병식도 '실존주의'에 관한 글을 실었는데, 단편적인 것들이기는 하지만 이들이 곧 우리의 해방 후 문단에서 "실존주의가 여기에 있다."고 소리친 최초의 장본인들이 되는 것이다.

이처럼, 박인환을 비롯한 '새로운 도시파' 시인들은 자신들이 딛고 있는 현실의 영역을 밝히기 위하여 더없이 치열하게 노력하고 서구의 철학서를 탐독했음을 우리는 어렴풋이나마 알 수 있다. 그러므로 이들 '새로운 도시파' 시인들은 좌·우의 싸움이 치열한 1948, 49년 무렵에도 이상하리만치 안정을 누리고 있었으며, 해방 후 몇 년 동안 벌어지는 음모와 살육 등을 외면하고 탈脫 한국적인 과제라고 할 수 있는 세계 문명의 공시성共時性이라는 문제에 깊이 몰입하고 있었던 것이다.

바로 이러한 점이, 문학 외적인 것을 통해 문학을 지향하려고 했던 부류의 시인들과는 또 다른 이들의 면모라고 하겠다. 특히 박인환이 견지하고 있던 정치적 중립은 바로 그 자신을 지배했던 문학적 열망이라는 순수한 열도에 의해 가능했을 것이다. 다시 말해 이러한 혼란의 극복은 보다 높은 정신의 숙련에 의해서만이 가능하다고 믿었기 때문인 것이다. 이러한 박인환의 태도에서 우리는 가장 전형적인 순수 시인의 모습, 독자적獨自的으로 문학을 애호할 수 있는 시인의 모습을 발견하게 된다.

『새로운 도시와 시민들의 합창』이 나오던 1949년 박인환은 김광주(1910-1973)가 문화부장으로 있는 경향신문사에 입사한다. 직장을 〈자유신문〉에서 〈경향신문〉으로 옮긴 것이다. 그때 경향신문사는 지금 소공동 자리에 사옥이 있었다. 박인환은 경향신문사에 다니며 당시 서울시 수도국에 다니던 김경린과 더불어 『새로운 도시와 시민들의 합창』에 이어질 새로운 동인을 구상하고 있었다. 그러던 중 이한직을 통해 부산의 조향과 인천에 주재하던 신문기자의 알선으로 김차영을 소개받고, 이들은 박인환이 살고 있는 세종로 집에서 모여 동인회의 명칭에 대하여 의논하기까지 이르렀다. 그 자리에서 박인환이 '후반기後半紀가 어떠냐' 하고 안案을 내놓자, 모두 좋다고 찬성을 하였다. 이때 후반기는 '20세기 후반'이라는 뜻이 담겨 있는 말이다. 이와 함께 동인으로 박인환, 김경린, 이상노, 이한직, 조향, 김차영 등이 참여하여 결성을 하게 되었다. 즉 '새로운 도시파'에서 김경린·박인환이 참가한 것이고, 새로이 부산의 조향, 인천의 김차영과 함께 이한직·이상노가 추가되고, 그 전에 동인이었던 김수영·임호권·양병식 등은 참가하지 않게 된다.

창간호의 편집은 박인환이 하기로 하고 차호次號부터는 서로 돌아가며 편집을 하기로 했다. 이렇듯 〈후반기〉 동인을 결성하고, 각 회원은 작품이 정리되는 대로 박인환에게 건네주고, 박인환은 편집을 하랴 원고를 수집하랴 출간에 필요한 스폰서를 물색하랴 바쁘게 뛰어다녔다.

그러나 이렇듯 바쁘게 동인지 《후반기》를 준비하던 중 6·25가 터지게 되고, 동인지의 출간은 유산되고 만다. 이렇게 하여 눈물겹고 또 한 많은 서울 명동 밝은 불빛 아래에서의 시절은 민족적 불행과 함께 잠시 휴식을 고하게 된다.

제4장

전쟁, 인간, 허무

제4장 전쟁, 인간, 허무

1. 죽은 자와 죽지 못한 자

6·25는 우리 민족의 비극이며, 또 부인할 수 없는 참담한 현실이다. 그런가 하면, 그것은 결코 역사 속의 사건이 아니라 '지금 여기'라는 당대까지 이어지는 민족적 슬픔이기도 하다.

1950년 6월 중·하순, 이미 이북의 인민군 7개 사단의 정예 보병과 탱크 주력 부대들은 그들의 사단 본부인 혜산진이나 청진·진남포 등지에서 이동하여, 38선 부근의 작전 지역에 집결을 마치고 김일성의 지시만 기다리고 있었다고 한다. 그러나 이때까지 대한민국의 정부는 아무것도 모른 채 무방비 상태로 안일한 나날을 보내고 있었다. 그런가 하면, 예술과 낭만이 커다란 물결처럼 출렁이는 명동의 찻집, 술집에는 6월의 마지막 일요일인 6월 25일을 어떻게 하면 보다 신나고 재미있게 보낼 수 있는가 하는 이야기만 오갈 뿐, 이내 닥쳐올 비극적 현실은 아무도 예측하지 못하고 있었다.

이러한 1950년 6월 하순 명동의 단면을, 많은 예술인에게서 '명동의 백작', '명동 시장' 등의 칭호를 받았던 소설가 이봉구의 「명동明洞 20년」에서 인용해 보면 더욱 실감할 수 있다.

"이번 25일은 일요일이니까 토요일에 월급봉투가 나올 것이고, 덥기 전에 이번 일요일엔 한번 근사하게 놀아야 할 터인데."

다방과 술집에선 6월 중순이 지나자 벌써부터 6월달 마지막 일요일인 25일을 어떻게 즐길 것인가를 두고 흥겹게 떠들고 있었다.

"선풍기를 갖다 놔야겠어요."

〈돌체〉 마담이 수선을 피는가 하면,

"이제부터 맥주 시즌인데 막걸리라니."

박기준은 파이프 담배를 피우면서 침을 넘기었고, 앞에 앉은 양병식은,

"역시 더울 때는 아이스커피 마시는 데도 지성知性이 있는 스타일로 마셔야 해."

베레모를 여전히 쓰고 기분 발산이었다.

"마담, 이번 일요일은 놉시다."

박인환이 〈모나리자〉 마담에게 묻자,

"우린 못 놀아요. 오시는 손님들 위해서요. 서울 장안이 모두 놀러 간다면 몰라도."

명동장, 무궁원, 휘가로, 문예 살롱, 낙랑, 백화정의 손님들, 그리고 명동 거리 가게들도 더위가 오기 전에 한번 놀았으면 하는 심정들이었다.

김수영은 날씨가 무더워지자 노랑 스웨터를 벗어 버리고 캡도 벗어 던진 채 돌체에 나와 앉아 담배를 피우고 있는가 하면, 김광주는 신문사 패들과 한잔하러 모나리자로 나오고 있었고, 문명 악

기점에선 또 '낙화암' 노래가 흘러나왔다.

"날씨가 더워지면 낙화암 가는 것도 좋겠다."

"부여 백마강에 배를 띄우고."

"올여름도 명동에서 썩다니……."

"그 아지[魚參, 전갱이] 군 것에다 막걸리?"

이런 한가한 대화가 6·25 전날에도 명동 거리에서 오고 갔다.

  이러한 명동인들의 소박한 꿈, 아니 우리들의 귀중한 생명과 재산을 파괴하며 6월 25일 새벽 비극적인 전쟁은 시작되었다. 새벽잠에서 깨어난 서울 시민들은 멀리서 들려오는 총성·대포 소리를 들으며 불안해하기만 했지, 지금 그들의 현실에 얼마만큼 무서운 사태가 벌어지는지를 상상조차 못 하고 있었다.

  서울의 곳곳에 벽보와 호외가 나붙기 시작한 것은 6월 25일 오후 1시경이었다. 벽보는 "북괴 괴뢰군은 오늘 새벽을 기하여 삼팔선 전역에 걸쳐 남침을 개시하였다."는 내용이었다. 이와 거의 때를 같이 하여 '호외'를 외치는 소년들이 서울의 거리거리를 뛰어다녔고, 일요일 명동의 거리에도 예외 없이 호외는 뿌려졌다. 마침 일요일이라 외출을 즐기던 국군들은 라디오 아나운서의 멘트를 통해 방송되는 '원대복귀' 명령을 전해 듣고 귀대를 서둘렀고, 아직 상황 판단이 잘 안되는 시민들의 표정은 불안과 공포가 뒤섞여 어찌할 바를 모르고 우왕좌왕하고 있었다.

  26일에는 북진 중이라고 방송되는 승전보와는 상관없이 의정부 북부에 북한의 강력한 기갑부대가 밀어닥치고 있었고, 26, 27일 전후로 모든 국군 부대는 한강 이남으로 퇴각하고 말았다. 28일에 서울은 이미 따발총을 멘 인민군들에 의해 점령당한 뒤였다.

세종로에 살고 있던 박인환은 이때 북괴 남침을 알리는 벽보를 보기는 했으나 아무런 대책도 마련하지 못했다. 원서동 본가와 세종로 처가를 통틀어 젊은 남자라고는 박인환 한 사람뿐이니 그럴 만도 했다. 상황을 정확히 파악하지 못해 발만 동동 구르던 가족들은 마침내 적 치하의 서울에 온 가족이 갇히는 신세가 되고 만다.

이런저런 연유로 서울에 남게 된 문인은 박인환뿐이 아니었다. 수만 명의 서울 시민과 함께 피난을 떠나지 못한 각계각층의 많은 사람들, 그들 사이에는 많은 문인들 역시 섞여 있었다. 이렇듯 개전 사흘 만에 서울이 점령된 지 얼마 되지 않아 종로 네거리, 종각 뒤 옛 〈조선문학건설본부〉 자리에 〈문학가동맹〉이 들어섰으며, 북한 문화부장이라는 김오성을 비롯하여 임화, 김남천, 안회남 등이 서울의 잔류 문인들을 끌어내 사상 강좌를 열고, 또 노래를 가르치고 있었다.

이러한 잔류 문인을 고은(高銀, 1933-현재)은 그의 『1950년대』라는 저서에서 여섯 종류로 분류해 놓고 있다.

김동인·김영랑(1903-1950)처럼 병사하거나 폭사한 6·25 작고作故 문인, 이광수·김동환(1901-?)같이 납치된 피랍被拉 문인, 모윤숙(1910-1990)·김동리(1913-1995)같이 숨어 버린 지하 문인, 김팔봉(1903-1985)같이 인민재판이나 어떤 제재를 받아 극형 및 중형을 받은 영어(囹圄 문인, 문학가동맹에 그 얼굴을 내밀고 연명한 부동(浮動) 문인, 동대문 시장의 장사꾼으로 변신한 조연현(1920-1981)·이종환(1920-1978) 같은 준은신(準隱身) 문인 등이 그것이다.

　이러한 분류에 의하면 박인환은 모윤숙·김동인같이 숨어 버린 지하 문인에 해당한다. 다시 말해 박인환은 서울이 점령된 직후부터 서울이 수복이 될 때까지 길고 긴 여름을 세종로 처갓집 지하실 아니면, 어린 시절부터 가깝게 지내던 낙원동의 이용구의 집, 원동규의 집, 또는 원서동 집을 전전하며 지하실과 골방에 숨어 살았다. 그 와중에도 그는 때때로 세종로 자신의 집에서 장만영·이봉구·김광균·김경린 등을 만나 답답한 마음을 서로 위로하기도 하며, 새로운 뉴스와 수복이 될 날을 기다렸다.

　장만영은 이러한 은둔 시절에 우연히 박인환의 거실을 구경할 수 있었다. 그때 박인환의 거실을 구경한 장만영은 그를 회상하는 글에, 어수선하고 불안스러운 그 판국에도 장서(臧書)들을 가지런히 꽂아 놓고, 먼지 하나 없이 깨끗이 청소해 놓고 있던 그의 정리벽에 가까운 모습에 놀란 한편, 감탄을 금치 못했다고 술회해 놓고 있다.

　이렇듯 긴박하고 불안한 상황에서도 박인환은 자신의 본래의 모습을 조금도 잃어버리지 않고, 활달하고 자유분방한 그의 외양과는 너무 다르게 모든 일에 차분히 대처해 나갔던 것이다.

이때 그의 부인은 둘째 아이(세화)의 출산 달이 가까웠다. 출산 예정일은 9월 25일이라 인사동에 있는 어느 산파에게 부탁해 놓고 있는 중인데, 그간 친구들 집에 숨어 있던 박인환이 9월 24일 밤에 세종로 집으로 돌아온다. 그때 집골목 앞 비각碑閣에 인민군들이 대포를 설치하고 있어서 국군이 진격하면 대포 설치된 곳이 폭격의 목적지가 될 것이었고, 그렇게 되면 바로 뒤에 있는 집도 결코 성할 수가 없는 형편이었다.

이러한 사실에 생각이 미친 박인환은 이곳에서는 아기를 낳을 수가 없다며, 말리는 장인 장모를 설득시켜 다음 날인 9월 25일 세 살짜리 장남 세형을 일하는 아이에게 업히고 자신은 이불을 짊어지고, 부인을 앞세워 골목과 골목을 지나 인사동 산파 집으로 향하게 된다.

청진동, 견지동 등 가는 길목마다 곳곳에 쌓인 시체 더미와 따발총을 든 인민군들이 우글거리는데, 젊은 내외와 일행은 검문을 받지 않을 수 없었다. 그때는 조금이라도 수상하다 싶으면 총으로 마구 쏘아 죽이는 때였다. 인민군들은 젊은 박인환에게 총을 쏠 듯이 재우치며, "어디를 가느냐? 뭐 하는 사람이냐? 갈 수 없다."하며 위협을 하는데, 부인 이정숙이 "지금 금방 아기를 낳게 돼서 사람이 다 죽게 됐는데 무슨 짓이냐, 어서 가게 해 달라." 하고 악을 쓰고 덤비니, 인민군들도 기가 질렸는지 이들을 보내 주었다. 그래서 인사동 산파 집에서 25일 저녁 9시 30분에 딸 세화를 출산하게 된다.

9월 25일 밤은 유난히 폭격 소리가 요란하더니 인천에서 서울로 진격하는 국군과 유엔군의 반격으로 박인환 내외가 살던 세종로 집이 폭격을 당하고, 바로 그들이 거처하던 길가 쪽 사랑방이 형체도 없이 부서져 버린다. 이 폭격에 박인환의 장모는 파편에 허리를 다치는 부상을 입기도 했다. 9월 25일 낮에 서둘러 산파 집으로 피하지 않았다면, 그래서 그대로 세종로 집에서 출산을 했다면, 온 가족이 모두 폭사爆死를 할 뻔한 위기를 박인환의 판단으로 무사히 넘기게 됐던 것이다. 실로 극적인 한순간 한순간이 아닐 수 없었다.

폭격과 적 치하라는 공포 속에서 둘째 딸을 출산하게 된 박인환은 격전의 장場에서 이 땅에 태어난 딸을 생각하고, 그 가녀린 어린 생명이 헤쳐 나갈, 전쟁이라는 숨 막히는 공포를 생각하고, 후일 부산에서「어린 딸에게」라는 시를 써서 그 무렵 대구에 머물고 있던 가족에게 부치게 된다.

> 機銃기총과 砲聲포성의 요란함을 받아 가면서
> 너는 세상에 태어났다 주검의 世界세계로
> 그리하여 너는 잘 울지도 못하고
> 힘없이 자란다.
>
> 엄마는 너를 껴안고 三個月삼개월 간에
> 일곱 번이나 이사를 했다.

서울에 피의 비와

눈바람이 섞여 추위가 닥쳐오던 날

너는 입은 옷도 없이 벌거숭이로

貨車화차 위 별을 헤아리면서 南남으로 왔다.

(중략)

나의 어린 딸이여

너의 故鄕고향과 너의 나라가 어데 있느냐

그때까지 너에게 알려 줄 사람이

살아 있을 것인가.

28행 7연이라는 다소 긴 이 시는 피난지 부산에서 쓴 시이다. 이 시에서 이야기하는 것처럼, 어린 딸 세화는 백일이 되기도 전에 일곱 번이나 이사를 하게 된다. 태어난 인사동 산파 집에서 원서동 박인환의 본가로, 그곳에서 또 주인은 피난 가고 아무도 살지 않는 계동의 빈집으로, 이어 익선동의 어느 빈집으로 일곱 번이나 자리를 옮기며 핏덩이나 다름이 없는 어린 생명을 이끌고 적 치하의 서울을 방황하던 박인환과 가족들은, 다시 국군과 유엔군이 밀고 올라와 수복이 된 서울에서 12월 8일까지 지내게 된다.

9월 28일 서울이 수복되고 서울은 유엔군을 맞아들였다. 그러나 기대와 환희에 들떠 성급하게 거리로 뛰쳐나간 시민 중에 퇴각하는 인민군의 총격으로 서울 수복을 몇 시간 앞두고 목숨을 잃는 사람들도 많았다. 「모란이 피기까지」의 시인 김영랑이 바로 이러한 경우이다. 인민군이 퇴각하는 미아리에서, 서울 수복을 눈앞에 두고 불의의 총탄을 맞고 눈을 감는다.

죽은 자와 죽지 못한 자들로 가득한 서울에서 박인환은 경향신문사에 복귀하고, 「유엔군을 환영하는 노래」라는 시를 써서 입경入京하는 유엔군과 국군을 환영한다.

1950년 12월 4일까지 북진에 북진을 거듭하던 유엔군과 국군은 중공군의 개입으로 후퇴를 결정했다. 국군은 임표林彪가 지휘하는 중공군의 인해전술에 쫓겨 남하를 거듭해 평양을 버리고 후퇴를 감행해야만 했다.

6·25 당시 피난을 가지 못해서 지긋지긋한 적 치하의 서울 생활을 했던 박인환의 가족은, 중공군의 개입으로 사태가 다시 급박하게 돌아가자 피난을 서둘지 않을 수 없었다. 12월 8일은 맏이 세형이의 세 번째 생일이었다. 트럭을 한 대 구해 온다던 박인환은 밤이 깊어서야 빈손으로 돌아와서, 트럭을 구하지 못했으니 제2국민병을 실어 나르는 밤 열차를 타자는 것이었다. 그래서 12월 8일, 어느 해보다 냉혹한 추위가 닥쳐와 가만히 있어도 아래턱이 위턱에 와 부딪는, 그렇듯 지독히 추운 밤 12시 30분, 박인환과 그의 가족은 군 수송 열차의 군수품 곳간차를 얻어 타고 남쪽으로 내려가게 되었다.

'서울의 피의 비와 눈바람이 섞여 추위가 닥쳐오던 날, 입은 옷도 없이 벌거숭이로 화차貨車 위, 별을 헤아리며', 그들은 남으로 남으로 내려갔던 것이다. 내려가던 중, 아기를 가진 어머니들은 건빵을 쌓은 짐 위에 앉아서 가도 좋다는 인솔 장교의 호의에 박인환의 가족은 그중 편하게 대구까지 갈 수가 있었다. 대구에 도착한 것이 9일 새벽 4시 30분이었다.

대구에는 박인환의 할아버지뻘 되는 분이 중앙동에 살고 있었다. 임시로 중앙동 할아버지 집에 일주일쯤 머물다가 동인동으로 방을 하나 얻어 나갔다. 이렇게 박인환 가족의 피난 시절은 시작된다.

가족을 우선 대구에 정착시킨 박인환은 다시 서울의 경향신문사로 돌아온다. 서울에서 그는 먼저 세종로 집 마당에 파묻었던, 6·25로 인하여 출간을 하지 못한 〈후반기〉 동인의 원고를 꺼냈다. 그 당시 피난을 간 사람들은 중요하다고 생각되는 것은 모두 독이나 궤짝 안에 넣어 앞마당 또는 뒷마당에 묻고 떠나는 것이 일이었다. 박인환은 다른 모든 것보다 먼저 김경린, 이상노, 이한직, 조향, 김차영 그리고 자신의 작품을 마당에 소중하게 파묻었던 것이다.

이렇게 동인들의 작품을 챙기고 박인환은 허리를 다쳐서 같이 피난을 못 떠난 장모님에게 군복을 입혀 지프차를 타고 다시 대구로 향했다. 그러나 수원에서 미군에 의해 여자는 내려갈 수가 없다는 제지를 받게 된다. 박인환은 다시 서울로 돌아와 장인과 장모님을 집에 모셔 놓고 홀로 대구의 집으로 내려온다. 후일 그의 장인 장모는 마지막 피난 대열에 끼어 인천에서 배를 타고 대구로 온다.

박인환은 대구에 머무르며, 이때부터 경향신문 본지가 발행되는 부산을 내왕하고, 대구에서는 전선판戰線版을 발행하며 종군기자로 일하게 된다. 또 한편으로 부산을 왕래하며, 먼저 부산에 내려가 있던 김경린, 김차영, 조향 등을 만나 서울 집 마당에서 파가지고 내려온 원고를 이들에게 다시 전달하였다. 이렇듯 대구에서의 피난 시절은 대구와 서울, 대구와 부산을 왕래하며, 때로는 가장家長, 때로는 종군기자, 때로는 동인同人의 한 시인으로 피난지에서조차 그는 잠시도 쉬는 사람이 아니었다.

2. 전쟁, 또 하나의 얼굴

박인환이 육군 종군작가단에 참여하는 것은 1951년 5월의 일이다. 최초의 종군작가단 활동은 6·25 직후 수원 후퇴 후 임긍재, 조영암, 김송, 박연희, 구상 등이 무명으로 된 〈종군작가단〉이라는 완장을 만들어 팔에 붙이고 영등포 한강대안전투漢江對岸戰鬪에 참전하면서부터 시작된다.

그 후 대전 후퇴 무렵에 다수의 문인들이 집결하여 〈문총구국단文總救國團〉이라는 종군작가단을 결성하게 된다. 그들의 임무란 대적對敵, 대민對民, 대군對軍 정훈 공작에 협조하는 일이었다. 그러던 중 1·4 후퇴 후, 1951년 5월 26일 육군본부 정훈감실을 통해 육군참모장의 결재를 얻어, 대구시 아담雅淡 다방에서 정식 발족회를 갖게 된다. 이날 발족과 함께 선출된 임원은 다음과 같다.

단 장 : 최상덕
부 단 장 : 김 송
상무위원 : 최태웅, 이덕진, 박영준

이 발족회에서 당시 경향신문 기자였던 박인환도 종군작가단에 참가한다. 종군작가단은 전선戰線에 종군하여 그 경험을 토대로 보다 사실적이며 절박한 작품을 구상함으로써 생생한 기록으로 이를 세상에 내놓는 일에 종사한다. 그런가 하면, 후방에서 종군 기록의 내용을 가지고 발표회를 열기도 하고, '문학과 음악의 밤' 등과 같이 정기적인 기념행사를 주도하기도 한다. 박인환도 이러한 종군작가의 임무를 띠고 여름과 가을·겨울을 지나 다음 해 봄까지 서부전선과 강원도 전투지를 다녀온다. '윤을수 신부神父에게'라는 부제를 단 「서부전선西部戰線에서」라는 작품은 이때 쓰여진 것이다.

싸움이 다른 곳으로 이동한
이 작은 도시에

煙氣연기가 오른다.

종소리가 들린다.

希望희망의 내일이 오는가.

悲慘비참한 내일이 오는가.

아무도 확언하는 사람은 없었다.

그러나 연기 나는 집에는

흩어진 가족이 모여들었고

비 내린 황톳길을 걸어

여러 聖職者성직자는 옛날 敎區교구로 돌아왔다.

(神신이여 우리의 미래를 約束약속하시오

悔恨회한과 불안에 얽매인 우리에게 행복을 주시오)

住民주민은 오직 이것만을 원한다.

軍隊군대는 北북으로 北북으로 갔다.

土幕토막에서도 웃음이 들린다.

비둘기들이 화창한

봄의 햇볕을 쪼인다.

- 「西部戰線서부전선에서」 전문

언제 끝날지 모르는 전쟁, 그러므로 '희망의 내일이 올지', '비참한 내일이 올지' 아무도 알 수 없는 이 시대에서 젊은 시인 박인환은 스스로 인간의 한계를 절감한다. 그러므로 신神의 이름을 부르게 되고, '회한과 불안에 얽매인 우리에게 행복을' 달라고 마음속으로 간절하게 빈다.

그런가 하면, 전선을 따라 어린 시절 자라던 강원도 인제의 고향을 방문하고 그 고향이 전쟁으로 황폐해진 모습을 눈물로 바라보고 돌아온다. '갈대만이 한없이 무성한 토지가, 지금은 내 고향'이라고 애통해하는 이 참담한 광경을, 전쟁은 인간을 죽이고 그 위에 황폐라는 재만 뿌리고 떠나는 것을, 고향 땅 위에 서서 더욱 절감하며 젊은 시인은 울음으로 노래한다.

갈대만이 한없이 茂盛무성한 土地토지가
지금은 내 故鄕고향

山산과 강물은 어느 날의 繪畵회화
피 묻은 電信柱전신주 위에
太極旗태극기 또는 作業帽작업모가 걸렸다.
학교도 군청도 내 집도
무수한 砲彈포탄의 炸裂작열과 함께
세상엔 없다.

人間인간이 사라진 고독한 神신의 土地토지

거기 나는 銅像동상처럼 서 있었다.

내 귓전엔 싸늘한 바람이 설레이고

그림자는 亡靈망령과도 같이 무섭다.

어려서 그땐 확실히 평화로웠다.

運動場운동장을 뛰다니며

미래와 살던 나와 내 동무들은

지금은 없고

煙氣연기 한 줄기 나지 않는다.

(중략)

비 내리는 斜傾사경의 十字架십자가와

아메리카 工兵공병이

나에게 손짓을 해 준다.

- 「고향故鄕에 가서」 부분

  수많은 인간이 또 다른 인간에 의해 사라져 간, 어쩌면 신만이 존재하는 듯한 고독한 토지, 그렇게 변해 버린 고향 땅에 지금 박인환은 동상銅像처럼 서 있다.

  전쟁은 인간에게 무엇을 주는가. 죽음과 공포라는 극한의 상황을 만들어 준다. 그런가 하면, 인간 정신에 폐허와 황폐함이라는 삭막한 상흔을 심어 준다. 그러나 이러한 폐허 속에서 인간은 존재에 대한 새로운 각성을 한다. 그런가 하면 인간의 한계를 뛰어넘는 신의 존재를 실감하기도 한다. 인간은 어쩔 수 없이 그 자신이 속한 공동체의 역사적 변화와 더불어 변모하고 성장한다. 다시 이야기해서, 인간의 지각 영역은 그가 살고 있는 역사적인 상황에 의해서 변모하며, 때로는 세계世界를 바라보는 눈을 보다 확실하게 뜨기도 한다. 그러므로 전쟁이란 극심한 변화는 때때로 인간의 운명을 스스로 결정해 주기도 한다. 살아야겠다든가, 또는 보다 철저히 살아남아야겠다든가 하는 인간 본연의 모습으로, 그러나 이러한 본연의 모습과 함께, '무수한 폭탄의 작열로', '학교도 군청도 내 집도' 또 어릴 때의 친구도 '세상엔 없다'는 자각을 하게 될 때, 남은 자는 삶의 허무를 가장 깊이 절감하는 것이다.

　종군작가로서 박인환은 폐허가 된 어린 시절의 고향을 보고 바로 그러한 허무를 절감하였다. 그의 친구들의 말을 빌리면, 박인환이 술을 과하게 하기 시작한 것은 전쟁 때부터라고 한다. 전쟁이 그에게 준 것이 어디 술 마시는 버릇뿐이랴 마는, 전쟁이 일깨워 준 허무감은 그로 하여금 쓰디쓴 독주를 마시게 했던 것이다. 전쟁은 인간의 심성心性을 때때로 광폭하리만치 변모시키기도 한다. 어제의 친구가, 어제 내 옆에 있던 가족이 이 세상의 어디에 서고 찾을 수 없는 죽음의 계곡으로 떠나갈 때, 그러므로 죽인 자와 또 죽지 못한 자만이 살아남을 수 있다는 비정의 세계를 실감할 때 인간의 심성은 난폭해질 수 있는 것이다.

　우리의 역사 속에서 임진왜란이라는 7년 전쟁을 마치고, '곳(곶)'이라 부르던 것을 '꽃(꽃)'이라고 부르게 되고, '갈'을 '칼'이라

부르게 되고, '고'를 '코'라고 보다 세고 강하게 발음하여 부르게 되었다는 언어 현상만 보아도 전쟁이 어느 만큼 깊이 인간의 심성을 변모시키는가를 알 수 있다. 6·25의 비극 이후에 그저 평상적으로 할 수 있는 이야기도 '쌍'이란 말이 들어가야 할 수 있고, 차마 듣기 힘든 욕설이 아무 거리낌 없이 나오는 것을 우리는 어린 시절에 직접 경험했다. 그러므로 한 역사 심리학자는 전쟁의 외양적 피해는 인간의 노력으로 복구될 수 있지만, 그 전쟁으로 입은 정신의 상처는 어떻게 회복할 수 있겠는가를 역사 앞에서 처절히 물은 적이 있다.

그러므로 이 땅의 지성知性을 자랑하던 젊은 시인 박인환에게 전쟁이 일어나고 있는 1951년의 현실은 천길 절벽 같은 암담함이요, 피하고 싶어도 피할 수 없는, 언제고 앞에 와 가로막는 절벽이었던 것이다. '아무도 읽지 않고 아무도 바라보지 않는 격문檄文과 정치 포스터가 붙어 있을 뿐'인 그 현실은 이 젊은 시인으로서는 한사코 외면하고 싶은 벽일 뿐이었다. 그러므로 이는 '감성도 이성도 잃은 멸망의 그림자'일 뿐이었다. 1951년 11월에 쓴 시「벽壁」을 보면, 이 비정한 현실을 잊고 싶어 하는 젊은 시인 박인환의 심정을 확연히 알 수 있다.

그것은 분명히 어제의 것이다.
나와는 관련이 없는 것이다.
우리들이 헤어질 때에

그것은 너무도 무정하였다.

하루 종일 나는 그것과 만난다.

피하면 피할수록

더욱 접근하는 것

그것은 너무도 不吉불길을 상징하고 있다.

옛날 그 위에 名畵명화가 그려졌다 하여

즐거워하던 藝術家예술가들은

모조리 죽었다.

지금 거기엔 파리와

아무도 읽지 않고

아무도 바라보지 않는

檄文격문과 정치 포스터가 붙어 있을 뿐

나와는 아무 인연이 없다.

그것은 感性감성도 理性이성도 잃은

滅亡멸망의 그림자

그것은 문명과 進化진화를 障害장해하는

사탄의 使徒사도

나는 그것이 보기 싫다.

그것이 밤낮으로

나를 가로막기 때문에

나는 한 점의 피도 없이

말라 버리고

女王여왕이 부르시는 노래와

나의 이름도 듣지 못한다.

    그가 인식하는 현실은 '그것은 어제의 것'이며, '나와는 관련이 없는 것', 그러나 그럼에도 불구하고 '피하면 피할수록 더욱 접근하는 것', 나의 이름까지도 듣지 못하게 하는 것, 자신의 생애에서 떨쳐버리고 싶은 것이었다. 그것은 전쟁이라는 극한 상황이 몰고 갔던 한 젊은 시인의 정신을 극명하게 드러내 주는 시행詩行이기도 하다.

    그는 종군작가단에 참여하며 너무 많은 죽음, 너무 애처로운 죽음, 너무 장렬한 죽음들을 보았다. '음산陰散한 잡초가 무성한 들판에 용사勇士가 누워 있었다.'로 시작되는 「한줄기 눈물도 없이」라든가, '수색대장 K 중위는 신호탄을 울리며, 적병 30명과 함께 죽었다. 1951년 1월' 같은 설명적 부제副題가 붙은 「신호탄」, '서적書籍은 황폐한 인간의 풍경에 광채를 띠게' 하였지만 '지금은 살육殺戮의 시대', '침해된 토지에서는 인간이 죽고, 서적만이 한없는 역사를 이야기해' 주는 시대를 노래하는 「서적과 풍경」 등, 그는 종군작가단에 참여하며 전쟁의 참상을 뼈저리게 경험하게 되고, 전시戰時가 아닌 평시에는 결코 볼 수 없는 인간의 '또 다른 얼굴'을 생생하게 그려 낸다.

그런 절망의 상황 한가운데서 다른 한편으로 우울을 털고 밝은 삶을 찾아내려는 박인환 특유의 긍정적·적극적 사고방식은 번득이곤 했다. 박인환이 종군작가단의 일원으로 대구와 부산을 오르내리던 시절, 그의 처삼촌妻三寸 되는 이순용 씨가 조병옥 박사의 후임으로 임시 수도 부산에서 내무부 장관이 된다. 그리하여 대구의 가족을 부산으로 이주시킬 준비를 하던 어느 날, 박인환은 당시의 치안국장인 김모 씨의 연락을 받는다. 부산의 내무부 장관이 처삼촌인 관계로 박인환은 김모 씨로부터 후대를 받는다.

박인환은 후대를 받는 김에 더 크게 받자는 생각에, 우울한 국민 정서의 진작을 도모하는 의미로 문학 창작을 담당하는 문인들을 위해 부산에서 커다란 연회宴會를 여는 것이 어떠냐는 제의를 한다. 박인환의 제의를 들은 김모씨는 자신의 재임再任 문제도 있고 하여 그 자리에서 쾌히 승낙을 하였다. 박인환은 즉각 부산의 김경린·조향·김차영 등에게 연락하고, 남포동 뒤꼍에 있는 부산극장(당시는 이곳이 국회의사당으로 쓰였다.) 맞은편, 당시 부산에서 제일 큰 요릿집인 장춘원長春園으로 저녁 6시까지 모이라고 통고한다.

이때는 한창 더운 여름날이었다. 박인환으로부터 연락을 받은 세 사람은 남포동 장춘원으로 향했다. 영문도 모르고, 다만 한턱 내겠다는 전갈만 받고 장춘원에 들어선 세 사람은 놀라지 않을 수가 없었다. 그곳에는 놀랍게도 60여 명에 이르는 유명 무명의 재부 문인在釜文人 거의가 길게 연이은 주안상 양쪽에 꽉 차게 자리 잡고 앉아 있는 것이 아닌가. 박인환이 연락한 사람은 이들 세 사람만이 아니라, 부산에 있는 거의 모든 문인들이었던 것이다. 그러나 이들 앞에는 음식이 놓여 있는 것이 아니라 요리상 위에 깔린 하얀 백지뿐이었다. 아직 이 연회를 주도하는 장본인인 박인환이 나타나지 않았기 때문이었다. 대구를 출발한 지는 꽤 오래되었다고 하는데 약속 시간인 6시가 지났는데도 그는 나타나지 않고 있는 것이다. 가뜩이나 주렸고, 또 저녁때가 지난 시간이라, 문인들은 무료함과 고픈 배를 참아 가며 앞에 깔려 있는 하얀 백지만을 바라보며 잡담을 나누고 있었다. 그러던 중에 박인환에게서 전화가 왔다. "지금 동래東萊 국제호텔에서 다른 연희에 끼어 있는 중이니, 기다리지 말고 어서들 실컷 먹고 놀아 달라."는 것이었다. 그때 좌중의 문인들은 시장했던 참이고 또 주선한 사람의 전화도 있고 해서, 체면 불고하고 술이고 안주고 간에 마구 시켜 포식하였다.

이는 박인환이 지니고 있는 호기豪氣를 잘 대변해 주는 일화 중의 하나이다. 아울러 그가 종군작가단을 그만두고, 대구에서 부산의 경향신문 본사로 옮겨가는 생활은 이렇듯 호기로움으로부터 시작되고 있었다. 그러나 대구의 가족과 떨어져 부산에 내려온 그는 이러한 호기로움과는 다르게 거의 매일같이 대구의 부인에게 편지를 쓰고, 또 세형·세화에 대한 안부를 걱정하는 자상한 아버지, 남편이기도 했다. 즉 그는 모든 일에 있어서 앞장서서

일하려는 선두의식이 강한 사람인 동시에, 이러한 외적인 행동의 이면에는 늘 고적함과 쓸쓸함, 그러한 것으로부터 떠돌며 현실의 아픔을 가장 예민하게 받아들였던 사람이다. 그러므로 그가 보였던 호기, 또는 떠벌이려고 하는 여러 외적인 모습들은 어쩌면 자신의 쓸쓸한 내면을 가려 보고자 하는 허세虛勢의 가면이었는지도 모른다. 그의 이러한 쓸쓸한 방황의 모습은 때때로 그의 부인에게 보내는 편지 속에서 발견되곤 한다.

그날 저녁(1951년 10월) 9시 10분 부산에 도착하였습니다.
나와 내 친우들은 아직도 사람들이 살아 있는 최후의 거리인 바닷가의 무덤을 걸어 각자의 목적지로 향하였습니다. 이 편지를 쓰고 있는 시간은 이 집에서 나만이 눈을 뜨고 있는 조용한 새벽입니다. 어젯밤 나는 소설가 김광주 씨와 어느 술집 지붕 밑 이층에서 폭음하였으나, 정신은 참으로 명백합니다. 그러므로 나는 김 씨의 저의 내부환영來釜歡迎을 즐겁게 받았으나 지금 생각하니 나는 하루바삐 부산을 탈출할 생각입니다. 어디가 도시의 중립이며 내 위치를 결정하여야 좋을지 도무지 분간 못 하고 있습니다.

그가 대구에서 부산 경향신문 본사에 내려오게 된 것은 1951년 10월 하순, 늦가을이었다. 그간 대구와 부산을 자주 왕래하였지만, 부산으로 모든 가족을 이주시키려고 박인환은 먼저 부산으로 내려온다. 그러나 전시戰時의 신문사 사정은 좋지가 않고, 월급이라고 해야 쥐꼬리만한 것이었다. 박인환은 늘 대구의 가족들이 고생할 것을 걱정하였다. 그러던 중, 처삼촌의 알선으로 경향신문사를 그만두고 해운공사에 적을 두게 된다. 또 처삼촌 관사의 커다란 방도 하나 얻게 되고 하여 부산으로 모든 가족을 이주시키기에 이른다. 이때 가족은 부인, 아들, 딸, 장인, 장모, 박인환 본인 이렇게 여섯 식구였다.

3. 후반기, 영원한 미로迷路

밀다원密茶苑은 광복동 로터리에서 시청 쪽으로 조금 내려가서 있는 2층 다방이었다. 아래층 한쪽에는 문총文總 간판이 붙어 있다. 간판 바로 곁에 달린 도어를 열고 들어서니 키가 조그맣고 얼굴이 샛노란 평론가 조현식과, 그와는 반대로 키가 훨씬 크고 얼굴빛이 시뻘건 허윤이 테이블 앞에 서 있었다. 그들은 중구를 보자 반가운 얼굴로 손을 내밀었다. "당신도 왔군." 하는 것이 조현식이요, "결국 다 오는군요." 하는 것이 허윤이었다. 중구는 친구란 것이 이렇게도 좋고 악수란 것이 이렇게도 달고 향기로운 술과도 같이 전신에 퍼져 흐를 수 있다는 것을 처음으로 깨달았다.

이것은 김동리의 소설 『밀다원 시대』의 한 부분이다. 소설에 나오는 주인공 중구는 소설가 이봉구李鳳九이고, 평론가 조현식은 조연현趙演鉉, 소설가 허윤은 허윤석(許允碩, 1915-1995)이다. 사실 김동리의 소설 『밀다원 시대』를 읽어 보면, 어떤 사실적인 기록보다 더 절실하게 부산 피난 시절의 한국 문단을, 또 문인들의 생활상을 절감할 수가 있다. 그런가 하면, 황순원(1915-2000)의 〈곡예사〉를 읽어 보면 얼마만큼 어려운 생활을 했으며 그 속에서 인간의 순수를 지키기 위해 얼마나 노력을 했는가를 실감할 수 있다.

소설 『밀다원 시대』에서 그리고 있듯이 피난길에 오른 문인들은 하나둘 피난지인 부산으로 모여들고, 피난 문단을 형성하였다. 1951년 1·4 후퇴 이후 부산과 대구를 왕래하던 박인환도, 문총文總이 있고 또 서울에서 피난 온 문인들이 자주 모이던 〈밀다원〉엘 자주 나가던 축이었다. 그러나 〈밀다원〉은 젊은 낭만파 시인 정운삼鄭雲三의 수면제 복용 자살로 문을 닫고, 다방 아래층에 세를 들어 있던 문총 사무실마저 '집수리'라는 핑계로 쫓겨나고 만다. 이러한 자살 소동 이후에 젊은 시인 전봉래(1923-1951) 역시 〈스타〉 다방에서 자살한다.

이렇듯 박인환이 부산으로 이주할 때쯤에는 피난 문단 문인들의 가난과 어려움이 극에 달하던 때였다. 그때 마침 박인환은 장관을 지내는 처삼촌 관사의 방을 얻어 기거할 수가 있게 되어, 그래도 남들보다는 먼저 정착을 할 수 있었다.

그 무렵에 먼저 내려와 시청 수도과에 있던 김경린을 만났고, 본래부터 부산에 거주하고 있던 조향趙鄕을 다시금 만났다.

당시 조향이 근무하던 남포동 뒷골목 2층 사무실과 그의 동생이 경영하던 레스토랑에서도 그들은 자주 모이곤 했다. 또 서울의 문인들이 내려와 하루 종일 진을 치고 있는 〈밀다원〉, 〈돌체〉를 비롯해, 조향이 자주 가는 〈녹원〉, 〈온달〉 다방 등을 돌아다니곤 했다. 그때 일본에서 현대시를 쓰다가 귀국했다는 이봉래(1922-1998)도 만났고, 김차영·김규동(1925-2011)과도 만났다. 이렇게 해서 그들은 6·25 전쟁 발발로 그 결실을 못 본 〈후반기〉 동인 결성에 대한 새로운 논의를 펼 수 있게 되었다. 김경린, 이봉래, 박인환, 조향, 김차영, 김규동 등이 새로이 〈후반기〉를 결성함으로 해서 항도 부산 피난지에서 이들은 제2의 〈후반기〉를 출발시키게 된다.

조향은 기본적으로 중앙문단에 대하여 별 좋지 않은 감정을 가지고 있던 사람이었다. 6·25 발발 이후 임시정부가 항도 부산에 서고 문총이 부산에 자리를 잡자, 그동안 중앙문단을 좋지 않게 여기던 부산의 문인들 중에는 이제 부산이 중앙이 되었고, 부산 문단이 중앙문단이 되었으니 서울에서 내려오는 문인들은 재부 문인在釜文人에게 인사를 와야 한다는 사람까지 있었다. 그렇게까지 심하지는 않았지만, 조향도 역시 그런 입장에서 재부 문인의 행세를 단단히 했던 사람 중의 하나이다.

이러한 부산 문인들의 중앙문단에 대한 감정은 곧 기성문단에 대한 감정과 같은 선상線上에서 이해할 수도 있을 것이다. 즉 기존의 것을 부인하고 새로운 것을 세우자는 것이 바로 조향과 같은 재부 문인들의 생각이었다면, 서울에서 그 근거지를 부산 피난지로 옮긴 '새로운 도시파' 시인들의 생각과 일치하는 것이 아닐 수 없었다. 그러므로 같은 서울의 문인이지만 '새로운 도시파' 시인에게 보인 조향의 호의는 상당히 다른 것이었다. 그렇게 하여 뜻을 모은 이들은 제2의 〈후반기〉를 결성하기에까지 이른 것이다.

〈후반기〉 시인들은 우선 동인지 발간을 지원할 수 있는 재력財力과 자신들의 뜻을 펼 수 있는 언론을 찾던 중, 그리하여 이진섭이 있던 〈국제신보〉의 자매지 《주간국제》를 그들의 주요 발표 지면으로 삼게 된다.

1952년 6월 16일자 《주간국제》〈후반기 문예 특집〉에는 1948년 4월에 발간된 『신시론』에서 〈후반기〉의 결성까지의 경로를 밝힌 글이 있다. 이를 통해 〈후반기〉 동인의 취지, 맥락들을 이해할 수 있다.

〈후반기後半紀〉는 현대시를 중심으로 한 새로운 문명과 문학적 세계관을 수립하기 위하여 모인 젊음의 그룹이다. 따라서 여하한 기성관념에 대하여서도 존경을 지불할 수 없는 동시에 오랫동안 현대시의 영역에 있어서 문제가 되어 왔던 표현상의 제 문제에도 개혁을 요구하고 있다. 문학이 현실에 기반을 두어야 하는 엄연한 사실은 적어도 현대를 의식하고 있는 우리들 젊은 세대로 하여금 오늘의 부조리한 사회에 대하여 무관심할 수가 없게끔 되었으며, 더욱이 사死의 위협이 가득 찬 현대의 불안에 대한 인간의 존립으로서의 의의를 등한시할 수도 없게끔 하였다. (중략) 주지하는 바 〈후반기〉의 처음 출발은 〈신시론新詩論〉에 있었다. 〈신시론〉은 일찍이 국내에 있어서의 이상李箱, 김기림金起林 등의 현대시의 초보적인 실험에 반하여 T.S. 엘리엇, New Country, 쉬르레알리즘 이후의 모더니즘 운동에 참가하였던 몇몇이 중심이 되어 기타 젊은 시인들을 합하여 해방 후 국내에서 모더니즘의 운동을 일으키는 데 있었다.

당시의 동인은 김경린·김병욱·박인환·김경희·임호권 등이었으며, 시인 장만영 씨의 물심양면의 원조로써 1948년 4월에 1호를 발간한 이후, 동인 간의 사상적 불일치로 인하여 김병욱·김경희 등은 〈신시론〉에서 이탈하였고, 다시 공업가 홍성보洪性普 씨의 원조로써 엔솔러지 『새로운 도시와 시민들의 합창』을 1949년 4월에 발간할 시에는 김수영, 양병식 등이 나머지 동인들과 보조를 같이하고 있었다. 그 후 1950년 1월 다시 운동의 새로운 모먼트를 전제로 〈신시론〉을 〈후반기〉로 개제改題하고 동인으로 조향·김차영이 새로이 참가하여 홍성보 씨의 경제적인 원조로써 전반적인 발전을 목표하였으나, 6·25 동란에 의해 동인들이 분산한 이래 현재 〈후반기〉에 복귀한 동인에는 박인환, 조향, 김경린, 김차영 외에 이봉래, 김규동 등이 새로이 참가하였다. 그리고 이외에 준동인으로 여러 명이 있는 현상이다.

이 〈후반기 문예 특집〉에 동인들은 각기 자신의 시론(자신의 시론이라고 해도, 서구 영미시의 이론 전개가 대부분이다)을 전개했는데, 박인환도 [현대시의 불행한 단면]이라는 평론을 싣고 있다. 이 글에서 그는 자신들이 펼치는 〈후반기〉 동인 운동을 서구의 재래적인 시의 형식과 사고를 전면적으로 거부한 엘리엇의 지향점과 일치시키고 있다. 이때 한국의 재래적인 시의 형식과 사고라는 것은 박목월, 박두진(1916-1998), 조지훈(1920-1968) 등 삼가 시인들이 펼친 전통적 서정의 '청록파'를 겨냥하여 한 말들이다.

이러한 이들의 '새로운 시운동' 혹은 '모더니즘 시운동'에 대하여, 〈50년대의 한국시, 그 문제점〉이라는 좌담에서, 박남수(朴南秀, 1918-1994)는 "모더니즘 운동을 대표한 집단이며, 전후 의식戰後意識을 스스로 의식하고 작품화하려고 노력한, 조직화된 일군一群"이라고 평가한다. 그러나 김광림金光林은 견해를 달리해서, "전후 의식을 정리하려 했다기보다는 오히려 일본의 『시와 시론』을 중심으로 한 모더니즘 운동을 이 땅에서 해 보려고 한 것"이라고 일축하고 있다. 이어서 "기법 면에서 김기림이나 이상李箱 정도를 답습하고 있으며 보다 감각적인 걸 노린, 일정한 패턴이 없는 피상적인 곳에 머문 동인 운동"이었다고 혹평하고 있다.

이 양론兩論에서 볼 수 있듯이, 〈후반기〉 동인들은 그 당시만이 아니라 세월이 흐른 오늘까지도 극단적인 찬반양론贊反兩論 속에서, 1950년대의 가장 특색 있는 동인의 모습을 견지해 왔던 것이다. 후반기 동인이 이러한 면모를 나름대로 지닐 수 있었던 것은 같은 좌담에서 이형기(李炯基, 1933-2005)가 지적한 바와 같이 "그들이 남긴 작품 하나하나의 평가를 떠나 시대를 정리한다는 입장에서 그들의 노력을 바라본다면, 역시 전 세대前世代라든가 최소한 전 세대적인 것에 대한 비판이 그들 시작詩作에 기본적인 동력動力이 되고 있었다."는 점 때문이라고 생각된다.

그러나 실제 문헌을 뒤져 보면, 이렇듯 왈가왈부했던 〈후반기〉 동인의 동인지는 서울에서도, 항도 부산에서도 한 권도 나오지 않았음을 알 수 있다. 이들의 의욕과 이론적 방법론만 대대적으로 전개되었지, 『새로운 도시와 시민들의 합창』을 이어서 새로 결구結構된 〈후반기〉의 동인들은 한 권의 동인지도 발간하지 못한 채 해산이라는 아픔을 맛보게 된다.

〈후반기〉 동인의 해체를 위한 모임이 열린 날이 언제인지는 알려지지 않고 있지만, 조향趙鄕의 기록에 의하면 1953년의 어느 날 부산의 〈온달다방〉에서였다. 박인환, 김경린, 이봉래, 조향이 모여 〈후반기〉 해체론을 놓고 격론을 벌이기 시작했다. 이때 대부분의 동인은 해체하는 데에 찬성했는데 박인환만큼은 끝까지 사수론을 펴고 나왔다고 한다. 나중에는 '나 혼자서라도 해 나가겠다.'며 버티는 바람에, 끝내는 성질이 급한 이봉래와 멱살잡이까지 벌이는 소동이 일어났다고 한다.

이렇게 해서 〈후반기〉는 씁쓸한 뒷맛을 남긴 채 그 시각 이후 시대의 저편으로 사라져 버린 것이다. 전란이라는 역사적 위기로 인하여 한 번 해체되었던 〈후반기〉 동인은 내부적 갈등으로 인하여 1952년의 어느 날 두 번째 해체를 맞이했다. 그러나 이들이 한 권의 동인지도 세상에 내놓지 못했어도, 〈후반기〉라는 이름을 그들 앞에 붙이기를 서슴지 않는다. 〈후반기〉는 정상적인 활동을 하지 못했어도 우리 시사에 영원히 남는 모더니즘 그룹의 〈후반기〉요, 영원히 찬반의 논쟁을 불러일으키며 깊은 미로迷路로 숨어 버린 동인지 아닌 동인지가 되고 있다.

〈후반기〉 동인들은 서울 환도 후 다시 결합을 시도했다. 그러나 박인환의 요절과 김경린의 은둔(시를 쓰지 않은 것을 가리킴), 조향 등의 무관심으로 〈후반기〉는 동인지 없이 해체된 동인으로 우리 시사詩史 속에 기록된다.

제5장

술과 명동과 가난과 詩

제5장 술과 명동과 가난과 詩

1. 다시 찾은 명동

　박인환이 그의 가족과 함께 다시 서울로 돌아온 것은 1953년 7월 중순경이었다. 그러나 서울은 이전의 서울이 아니었다. 폭격과 시가전市街戰으로 집들은 부서지고, 먼저 들어온 사람들이 몇 집 걸러 한 집씩 자리를 잡아 살고 있었다. 마당과 뜰 할 것 없이 잡초가 길길이 자라 있고, 군데군데 빈터에는 누가 지난봄에 씨를 뿌렸는지 너무 웃자라 버린 상추며 무종다리들이 햇살 속에서 다시금 서울로 돌아오는 이들을 맞이하고 있었다.
　9·28 수복 때 반파된 세종로 집을 다시 고치고, 그런대로 사람이 들어가 살 수 있게끔 한 뒤에 박인환의 가족은 서울에서의 살림을 시작했다. 이미 서울에는 알 만한 사람들은 대부분 올라와 있었다. 일찍이 종군작가단 일원으로 참가했던 소설가 김팔봉·최태웅·김소운(1907-1981) 등이 들어와 있었고, 박태진·김이석(1914-1964)·양명문(1913-1985)·송지영·송태주·김종문(1919-1981)·김윤성 등이 이어서 폐허의 서울로 돌아왔다.
　폐허 더미 속에서도 여름 매미가 요란하게 울고, 밤이면 모기들이 달빛을 따라 윙윙거리는 명동에도 사람들은 모이기 시작했다. 명동의 다방들, 선술집들도 하나둘 앞서거니 뒤서거니 문을 열어, 돌아온 사람, 돌아오지 못하는 사람, 돌아와야 하는 사람들을 기다렸다. 일제시대 때 명동에서 〈휘가로〉라는 다방을 하던 정동윤鄭東潤이 〈신한다방〉을 열었다. 그런가 하면, 새로운 명동의 명소로 〈올림피아〉 다방이 문을 열어 문인, 언론인, 예술인은 물론이고 정치인, 군인까지 모이는 서울의 명소가 되었다.

이 명동을 젊은 시인 김윤성은 이렇게 노래했다.

> 이렇게 또 한 번 와서 안겨 보는 서울
> 여기서 나는 살아야겠다.
> 하나의 꽃송이 앞에서 살았다는 심청이처럼
> 나의 視野시야 가득 찬 서울.
> 그 안에 살아야겠다.

비록 폐허가 되었다고 해도, 서울은 길길이 자란 잡초마냥 끈질기게 그곳에서 살기를 강요하고 있었다. 저 반짝이는 칠팔월의 플라타너스 이파리마냥 싱싱하고 부드럽게 새로운 도시, 새로운 감격의 명동을 노래하기를, 비록 20촉 흐린 전구의 불빛 밑이나마 그 아래로 다시 모이기를 폐허의 서울의 심장부 명동은 간절히 바라고 있었던 것이다.

명동의 다방들은 아직 돌아오지 못한 사람들을 기다리며 피난지인 대구, 부산 등지에서 가지고 온 레코드판을 저마다 크게 틀어 놓고 있었다. 그리그(Edvard H.Grieg, 1843-1907)의 '솔베이지의 노래'가 가장 감명적인 곡曲으로 들려오던 때가 바로 이때였다. 돌아오지 않는 애인 페르귄트를 기다리며 노르웨이 눈 덮인 숲속 통나무집에서 물레를 돌리며 부르는 눈같이 순결한 솔베이지의 "그 겨울날이 가고 봄은 가고 또 봄은 가고, 그 여름날이 오면 세월은 간다. 세월은 간다. 아! 그러나 그대는 내 님이었다." 하며 애조 띤 멜로디와 함께 기다리는 사람의 가슴을 울려주는 '솔베이지의 노래'는 어느 다방에서나 흘러나왔다. 다방만이 아니라 작은 카페에서도, 카페의 어린 여급의 입에서도 때로는 눈물을 글썽이며 흘러나오곤 했다.

전투, 포로, 고문, 죽음…. 평화로운 시대의 시민들이 한때 먼 나라의 지나치게 야만스럽고 피비린내 나는 사건으로만 여기던, 그 현기증 나는 세계를 아직 30이 되지 못한 젊은 나이에 겪고 온 젊은 시인들. 이러한 전흔戰痕 속에서나마 다시 만날 수 있다는 '살아남은 자'들의 기쁨을, 폐허의 명동은 전신全身으로 감지하고 있었다. 그러나 사지死地에서 살아 돌아와 다시 만난다는 기쁨만큼이나 다시 만날 수 없는 사람들로 인하여, 어쩔 수 없이 전쟁의 상처는 깊은 상흔으로 그들의 가슴에 치유될 수 없는 상처를 남겼다. 전쟁이 끝나고 환도한 젊은 시인 박인환의 가슴에도 이러한 전재戰災의 상처는 남아 한 편의 노래가 되고 있는 것이다.

저 墓地묘지에서 우는 사람은 누구입니까.
저 破壞파괴된 建物건물에서 나오는 사람은 누구입니까.

검은 바다에서 연기처럼 꺼진 것은 무엇입니까.

인간의 내부에서 死滅사멸된 것은 무엇입니까.

一年이 끝나고 그 다음에 시작되는 것은 무엇입니까.

전쟁이 뺏아간 나의 親友친우는 어데서 만날 수 있습니까.

슬픔 대신에 나에게 죽음을 주시오.

인간을 대신하여 세상을 風雪풍설로 뒤덮어 주시오.

建物건물과 蒼白창백한 墓地묘지 있던 자리에

꽃이 피지 않도록.

하루의 一年일년의 戰爭전쟁의 凄慘처참한 추억은

검은 神신이여

그것은 당신의 主題주제일 것입니다.

- 「검은 神신이여」 전문

'검은 신神'으로 상징되는 죽음을, 그는 전쟁이 끝난 폐허의 거리에서 더욱 실감하게 된다. 부서진 담이며 흩어진 벽돌의 틈새를 비집고, 포탄이 작열하는 전쟁의 시간을 끈질기게 살아온 잡초들 마냥, 이렇듯 사람들은 다시 살아난 모습으로 거리에서, 또 다방에서, 선술집의 목로에서 반갑게 만나고 있는데, '묘지墓地에 묻힌 사람들', '검은 바다에서' 한 가닥의 희미한 '연기와 같이 꺼져 간' 사람들, '전쟁이 빼앗아간 나의 친우들' 그들은 어디에 있는가? 이러한 물음이 살아남은 사람들의 전신을 흔들게 하고, 그러므로 저 '창백한 묘지에서' 피고 있는 꽃들과 같이 살아나는 '기억'은 이 젊은 시인을 한없는 슬픔과 허무의 골짜기로 몰아가는 것이다. '하루의 1년의 전쟁의 처연한 추억'은 바로 '검은 신神'인 당신의 '주제일' 뿐이지, 우리의 기억에서는 빨리 사라져 버려야 할 슬픔의 덩어리라고 이 시인은 절규하는 것이다.

이러한 박인환이 보이고 있는 전쟁에 대한 절규에서 우리는 '4월은 가장 잔인한 달'이라고 노래한 엘리엇의 참담함을 읽게 된다. '죽은 땅에서도 라일락은 자라고', 그래서 '추억과 정욕이 뒤섞이고', '잠든 뿌리'같이 잊혀져야 할 전쟁의 기억이 '봄비로 깨우쳐지고', 그러므로 차라리 '겨울이 따스했다'고 노래하는 엘리엇, '대지大地를 망각의 눈으로 덮고, 메마른 구근球根으로 작은 목숨을 이어 주게' 했다는 엘리엇의 노래는 전후 우리 젊은 시인들의 참담한 가슴을 향한 것이라 해도 과언이 아니다.

그러므로 다만 지난날의 기억이라고 이야기하기에는 너무나 아픈 상흔과 참담한 현실을 직시하며, 우리의 젊은이들은 새로운 결의를, 새로운 의지를 가늠하게 된다. 박인환도 이에 새로운 의지를 다지며 「새로운 결의決意를 위하여」라는 작품을 이 폐허의 땅에서 쓴다.

나의 나라 나의 마을 사람들은
아무 悔恨회한도 거리낌도 없이 그저
敵적의 침략을 쳐부수기 위하여
新婦신부와 그의 집을 뒤에 남기고

乾燥건조한 山岳산악에서 싸웠다 그래서

그들의 운명은 怒號노호했다

그들에겐 언제나 축복된 시간이 있었으나

최초의 피는 장미와 같이 가슴에서 흘렀다.

새로운 역사를 찾기 위한

오랜 沈默침묵과 冥想명상 그러나

죽은 者자와 날개 없는 勝利승리

이런 것을 나는 믿고 싶지가 않다.

더욱 세월이 흘렀다고 하자

누가 그들을 기억할 것이냐.

단지 自由자유라는 것만이 남아 있는 거리와

勇士용사의 마을에서는

新婦신부는 늙고 아비 없는 어린 것들은

풀과 같이

바람 속에서 자란다.

옛날이 아니라 그저 절실한 어제의 이야기

侵略者침략자는 아직도 살아 있고

싸우러 나간 사람은 돌아오지 않고

무거운 恐怖공포의 시대는 우리를 지배한다.

아 服從복종과 다름이 없는 지금의 시간

意義의의를 잃은 싸움의 보람

나의 憤怒분노와 남아 있는 인간의 설움은

하늘을 찌른다.

廢墟폐허와 배고픈 거리에는

지나간 싸움을 비웃듯이 비가 내리고

우리들은 울고 있다

어찌하여?

所期소기의 것은 아무것도 얻지 못했다.

원수들은 아직도 살아 있지 않은가.

'죽은 자와 날개 없는 승리', 이것이 바로 동족상잔同族相殘의 비극을 초래한 6·25를 가장 상징적으로 표현한 것이 아닐 수 없다. 그러므로 이 이야기는 '옛날이 아니라 그저 절실한 어제의 이야기'이자 구체적인 오늘의 현실로 우리에게 다가오게 된다. 앙드레 말로(Andre Malrau, 1901-1976)의 '신도 그리스도도 없다면 대체 우리들의 영혼을 가지고 무엇을 어쩌란 말인가?' 하는 근원적인 절망의 질문과도 같이, 허무의 배고픈 거리에는 '지나간 싸움을 비웃듯이 비가 내리고' 전선의 구릉을 달리던 어제의 다 해진 군화엔 덧없이 비에 젖는 가랑잎만 채이고 있었던 것이다.

1950년대 초반, 전후의 명동은 이러하였다. 다시 만나는 사람들의 모습 속에서, 살아 돌아왔다는 기쁨과 돌아오지 못한 사람들에 대한 극명한 슬픔의 교차를 맛보고, 이 거리의 시인들은 '존재가 의식을 규정한다.'는 사르트르적 명제를 새삼스럽게 절감하게 된다.

비 오는 명동을 박인환은 예의 그 바바리코트와 중절모 차림에 담배를 피워 물고 자주 드나든다. 군데군데 무너진 집터에는 우거진 잡초가 그대로 비를 맞고 있어도, 아무도 그 비가 그치기를 바라지 않는다. 그러므로 명동은 불빛 속에 반짝이는 화려함으로써가 아니라, 비에 젖은 참담함으로 그의 앞에 존재한다.

이렇듯 비 오는 환도 서울의 명동을 시인 고은은 『1950년대』에서 이렇게 이야기하고 있다.

비 오는 명동은 황혼이 없이 곧 어두워 버리고 만다. 가을비는 전후가 아니라도 어떤 시대의 평화로도, 아니 실존주의가 멸망한 뒤에도 술을 마시게 하는 것이다. 더구나 실존주의의 술과 그레코 샹송과 가을비의 우수가 얼마나 파리의 암울한 신화였던가… 그 시대에는 시간이 어떤 것이라도 가져간다는 사실을 알 수 없고, 그 시대 하나만이 가장 고독하게 남겨져 있는 영원한 절망만을 찾았다. 젊은 전쟁 경험자들은 전범자도 전쟁의 희생자라는 상식적인 지적을 할 수 없도록 허망한 관객이 되기도 했다… 명동의 술집은 지붕이 없었다. 술로 술을 마시는 사람도, 비어 가는 술잔도 비에 젖는다. 이러한 명동은 누구나 주인도 아니고 손님도 아니었다. 구호물자를 골라 입은 댄디맨 박인환만이 명동백작이라는 칭

호를 받았을 뿐이다. 그러나 명동은 슬픔만이 주인인 것이다.

  이곳에서 50년대의 젊은이들은 어떤 희망과 태양을 찾을 것인가를 번민하고 방황하고 포기하고 있었다. 알베르 카뮈(Albert Camus, 1913-1960)의 알제리아 지중해와 태양은 그들에게 와서 어둠이 될 뿐이었다. 명동의 술은 이렇게 환도한 것이다. 저 슬픈 겨울의 길고 좁은 항구 부산에서, 전곡 초성리와 스탈린 고지에서 돌아온 것이다.

  다소 현학衒學을 즐기며 쓴 고은의 이 글은 1950년대 초반, 전후의 명동의 모습, 비 오는 명동의 단면을 떠올리기에 충분한 것이다. 이러한 명동에서 젊은 댄디스트 박인환은 파리적인 '우수'와 사르트르적인 '실존'에 더 명확히 눈뜨기 시작한다. 그로 인하여 그의 술은 날로 과해지기만 하고, 그의 감격벽은 날로 높아가기만 했다. 그 처절한 전장戰場에서 살아 돌아왔지만 그는 한 사람의 예술가, 한 사람의 시인으로서 이 거리에 다시 섰다는 기쁨에 휩쓸리기보다는, 이 거리에서 다시 새로움을 향해 달리겠다는 의욕을 키우고 있었던 것이다. 그때가 박인환은 20대 후반이라는, 벅찬 청춘을 불태워 가는 나이이면서, 한편으론 세 아이를 둔 가장이기도 했다.(막내인 세곤은 환도하기 전 1953년 5월 31일 부산에서 태어난다.)

  그러나 이러한 박인환에 대하여, 박인환의 감격벽과 새로움을 향하는 정열에 대하여 왜곡된 풍문이 떠도는 것도 사실이다. 즉,

박인환이 거리를 떠도는 시인처럼 명동을 떠돈 사람, 새로운 지향점도 없이 현재적인 정열에 들떠 시를 읊조리다 1950년대라는 황폐한 거리에서 쓸쓸히 죽어간 시인인 양 이야기되고 있다. 시인의 내면을 들여다보지 못한 단편에 불과하다.

오래전 밤의 음악을 담당하던 어느 여자 가수가 「세월이 가면」을 소개하며, '거리에서 죽은 시인 작사'라고 이야기해서 유족들의 항의를 받은 적이 있다. 그런가 하면, 「세월이 가면」을 부른 여가수가 텔레비전에 나와 이야기를 하던 중 '6·25 때 납북된 시인'이라고 소개를 해서, 진상을 알고 있는 많은 사람들로부터 항의를 받았다는 이야기도 있다.

여하튼, 작은 일에도 자신의 생각과 일치하면 잘 감격을 하던 그의 섬세한 감성, 언제고 새로운 일을 하기 위하여 배가倍加의 정열을 단숨에 뿜어내던 정열의 시인 박인환. 그는 폐허로 변한 명동에서 돌을 비집고 자라는 잡초 중 가장 억센 억새풀마냥, 때로는 높은 대궁을 바람결에 맡긴 채 자작시를 읊조렸고, 때로는 담배를 피워 물고 바쁘게 다방과 술집을 들락거렸고, 술이 취하면 이내 영화 속의 대사를 외우며 술집 테이블에 올라서서 한 편의 멋진 연기를 보였던 젊은이였다. 이러한 박인환은 "한마디로 광기의 시인이었으며, 그 광기라는 것이 그저 미쳐 날뛰는 단순한 치기가 아니라 소위 그의 멋이 될 수 있는 것이었으며, 명실공히 명동의 연인으로 대폿집 마담도, 살롱의 마담도, 그의 모든 친구들에게도 사랑받는 명동의 연인"이었다고 그의 지우知友 이봉래는 회고한다.

이러한 박인환이 환도의 거리, 명동에서 가진 관심은 시라는 언어 예술과 영화라는 영상이 동시에 만날 수 있는, '시네포엠'이었다. 그가 어린 시절부터 영화에 대한 관심이 지대했다는 사실을 앞에서 말한 바 있다. 영화배우로 한 번쯤 출연해 보고 싶어 했다거나, 장 콕토와 같은 뛰어난 영화감독이 되고 싶다는 생각을 했었다는 사실도 잘 알려져 있다. 그러므로 그는 이 전후의 명동에서 새로운 관심사를 향한 구체적인 활동으로 유두연·이봉래·이진섭·유한철·허백련·김규동·김소동 등과 함께 〈영화평론가협회〉를 구성하기에 이른다.

이를 통해 그는 좀더 본격적으로 시와 영화라는 문제를 그의 삶 가까이에 끌어들이고 있었던 것이다.

2. 영화와 박인환

박인환이 미술평론, 문학평론과 더불어 영화평론을 쓰기 시작한 것은 그가 문단에 나온 지 얼마 안 되는 1947년경부터였다. 그의 본격적인 평론이 잡지에 처음으로 실린 것은 1948년 1월이다. 그는 당시 서울신문에서 나오던 《신천지》에 고정 필자가 되어 많은 글을 쓰게 되었다. 특히 《신천지》 1948년 1월호(통권 22호)에 그는 [아메리카 영화 시론試論]이라는 영화평론을 쓰게 된다. 이 평론은 '코로니의 세계', '오락성', '문학과 영화', '예술성', '향수와 환타지', '감상' 등 여섯 개의 작은 항목으로 나누어 미국 영화의 오락성娛樂性과 부족한 예술성 등을 지적하고 있다. 특히 '아메리카 영화는 단지 아메리카의 중요한 산업의 하나'라는 지적과 함께, 지나친 오락성 표명으로 상업주의적, 자본주의적 성향을 못 벗어나고 있다고 이야기하고 있다. 나아가 미국의 영화가 예술작품으로 성공하려면 이런 상업주의적 한계에서 벗어나야 한다는 것이 박인환이 주장하는 요지이다. 이러한 박인환의 지적은 오늘날 할리우드 영화의 폐해를 지적하는 것과 동일선상에 있는 것으로, 반세기를 지난 21세기에도 여전히 유효한 지적이 된다.

그런가 하면 '문학과 영화'라는 항목에서 영화화映畵化된 많은 소설들을 그 예로 들면서, 미국의 소설이 인간 정신의 심각한 면을 그리기 위하여 많은 노력을 하고 있는 까닭에, 이러한 점이 영화화 과정에서 잘 반영된다면 미국 영화는 현재 겪고 있는 흥미 위주의 오락성에서 벗어날 수 있다고 진단하고 있다. 아울러 그때까지 제작된 영화화한 소설 작품은, 소설이 가진 예술성의 절반도 영화가 소화시키지 못한 것들이라고 혹평을 가하고 있다.

이러한 박인환의 평론을 보면, 그가 구상하고 있던 진정한 영화의 모습은 문학의 깊이 있는 예술성이 영화의 영상을 타고 그 문학적 효과를 배가할 수 있게 하는 데에 있었던 것으로 생각된다. 그러므로 1950년 2월《민성》통권 43호에 쓴 [미·영·불에 있어 영화화된 문예작품]이라는 평론에서 박인환은 미국, 영국, 프랑스 등지에서 문학작품이 영화화된 예를 들면서, 이처럼 문학작품이 영화화되는 이유를 '상업주의적인 면'과 '예술적인 면' 두 가지로 나누어 분석하고 있다.

첫째, 베스트셀러는 적어도 수십만 부 이상이 발매되고 있으므로 해서 그 작품의 애독자와 일반은 영화화되면 원작原作과의 비교를 위해 또는 궁금해서도 모두 영화를 본다. (그러나 작품을 읽은 관객觀客은 모두 실망하고 마는 것이 지금까지의 예이다. 특히 레마르크의 「개선문」은 아메리카 영화 유사 이래 최대의 선전에도 불구하고 실패로 돌아갔다.)

둘째, 베스트셀러가 아니라고 해도 원작자의 네임벨류로 인기를 얻을 수 있다.

셋째, 시사성을 띠고 있는 문학작품은 적어도 일부의 관객에게 그 흥미를 돋운다.

이상의 이유는 상업주의적 처지에서 오는 것인데 이와는 별도로 예술적 처지에서 본다면,

첫째, 영화인 자체가 가지고 있지 못한 표현의 범위를 문학작품을 통해 충족할 수 있다. 특히 리얼리티한 영화 표현은 이러한 데서 얻은 영향이 크다.

둘째, 현대 생활과 인간 의식(정신)의 심각성을 묘사하고 있는 문학작품은 영화화되면 언제나 재래의 외면적인 영화보다는 감명 깊은 인상을, 즉 개연성을 관객에게 제공하게

된다.

셋째, 고전 작품이 주는 흥미와 아울러 고전의 음미,「노트르담의 꼽추」, 로렌스 올리버의 감독으로 압도적인 성공을 올린 셰익스피어의「햄릿」,「헨리 5세」, 오슨 웰스의「맥베드」, 최근 조선에서도 상영되었던 불란서의 영화「카르멘」.

먼저 이야기한 '상업주의적인 면'은 영화가 지니고 있는 흥행성興行性을 깊이 인식하고 피력한 것이다. 그러나 뒤에 이야기한 '예술적인 면'은 문학작품이 지닌 성격 묘사의 치밀성, 예술적인 접근을 영화 제작자들이 섭취하기 위해서라고 이야기하고 있다.

이러한 분석에 이어 문학작품의 영화화는 "문학과 영화의 적극적인 협력이며, 문학의 영화적 진출을 의미하는 것이라기보다는 영화에서 흡수되는 문학"이라고 피력하고 있다. 이러한 박인환의 견해는 기본적으로 문학과의 결합으로 보다 예술적인 영화가 제작될 필요가 있다는 의미로 이해될 수 있다. 또 한 걸음 더 나아가 궁극적인 의미는 문학이 지닌 예술성을 온존시키면서 표현상의 한계를 뛰어넘어, 영상을 통해 보다 리얼하고 다양한 예술에의 표현을 하고 싶다는 그의 열망이라고 해석할 수 있을 것이다. 그러므로 박인환의 '영화에의 관심'은 그를 피상적으로 알고 있는 사람들의 표현처럼 '문학에서 영화에로의 전업'도 아니요, '다만 수입을 올리기 위해 영화평론이라는 잡문雜文을 쓴' 것은 더더욱 아니다. 이는 자신의 예술적 욕구를 가장 현대적 예술인 영화를 통해 확장시켜 보고 싶다는 그의 예술에의 순수 열정에서 비롯한 관심인 것이다. 영화평론은 이처럼 박인환이 영화가 지닌 현대성과 다양한 예술적 표현성에 매료되어 예술가적 활동의 일면이라고 보겠다.

다른 한편으로, 그의 영화에 대한 관심은 최하림의 지적처럼 (1983년 4월 2일, 〈경향신문〉, 「문단이면사 9」) 그의 나르시시즘적인 의식이 작용하고 있었다는 점도 부인할 수는 없다.

그는 영화배우같이 훤칠한 용모를 지니고 있었다. 유두연, 김소동, 이진섭 등의 영화인들과 어깨를 맞대고 명동 거리를 거닐라치면 여인들의 눈길은 박인환에게로 먼저 와 박혔다고 한다. 그는 그만큼 용모가 빼어났으며, 키가 크고, 무슨 옷을 입어도 모두 잘 어울렸다. 흔히 잘생긴 사람들이 자신에 대하여 갖는 나르시시즘적인 의식을 박인환도 역시 지니고 있었다고 보겠다. 그러므로 보다 화려한 현대 예술인 영화에 이러한 자신을 스스로 결합시킨 것이라고 생각된다.

프랑스의 시인이며 영화감독으로도 명성을 날린 장 콕토가 프랑스 아카데미 회원이 되던 날(1955년 10월)에도 마치 자신이 아카데미 회원이나 된 듯이 감격하여 술좌석마다 잔을 높이 들고 '축배, 축배'를 외쳤으며, 장 콕토 같은 영화감독이 있으면 자기도 서슴지 않고 영화에 출연하여 배우가 되겠다고 기염을 토하곤 했다. 그는 그만큼 장 콕토의 인생, 예술 모두를 흠모했다. 그러므로 그는 술에 취하면 장 콕토의 영화 「올페」를 이야기하고, 또 '장 콕토는 나의 둘도 없는 정신의 친구'라고 소리치곤 했다. 시인, 소설가, 극작가, 영화 연출가, 재즈 연주가, … 수없이 많은 이름으로 불리고 있는 그의 '시들지 않은 청춘'에 정열의 시인 박인환은 매료되었던 것이다.

박인환은 한때 머리를 상고머리로 깎고 다닌 적이 있다. 이는 「카사브랑카」, 「맨발의 백작 부인」 등에서 열연한 험프리 보가트의 머리를 본 딴 것이라고 그 스스로 말했다고 한다. 그런가 하면, 자신이 그렇게 짧게 머리 깎은 것을 합리화하기 위하여 "머리가 길어야 예술가답다는 견해는 이미 낡은 세대의 유품이야, 구역질이 나서 볼 수가 없어" 하며, 항시 자신의 용모에서부터 진취적인 모습을 보이곤 했다. 그러다 이내 술에 취하면, 유두연이 무성영화無聲映畵 변사의 흉내를 내서 좌중을 웃겼고, 박인환은 캐롤 리드나 마르셀 카르네 영화의 감격을 전하느라고 혼자 바빴다. 그리곤 이내 "왜 이 나라는 감독이 없느냐? 이탈리아 레오 레알리스모 같은 감독 말이다. 감독이 있다면 영화에 출연하겠는데…" 하며, 자신이 한번 멋있게 출연할 영화의 감독이 없음을 입버릇처럼 이야기하곤 했다. 또한 영화 「제3의 사나이」 시사회에서, 영화가 한 절반쯤 지나자 문득 일어나 뒤를 돌아보며 "이겁니다. 이것이 영화예요, 백철 씨 아십니까!" 하며 흥분된 어조로 떠들어 장내를 웃음바다로 만든 적도 있다.

바로 이러한 박인환의 감격 일화가 의미하는 것은 다름 아니라, 당시의 모든 예술이 서구의 선진先進 예술에 미치지 못하고 있다는, 그의 시인으로서의 처절한 자각이며 동시에 이에 도달하고 싶다는 예술가로서의 강한 열망이 변형된 표현들이라고 생각된다.

특히 박인환이 좋아하던 외국 영화들은 갱들의 세계를 어두운 터치로 그린 「가스등」, 장 콕토의 강한 개성으로 시대적 조류潮流를 초월한, 시적詩的인 작품 세계를 추구한 「올페」, 마르셀 카르네의 「인생유전」, 미스테리 터치와 현대라는 병적인 생리가 강하게 나타나는 화면과 함께 그레이엄 그린의 원작을 캐롤 리드가 영화화한 「제3의 사나이」, 또 「황금의 관」, 「카사브랑카」, 「맨발의 백작 부인」, 「마음의 행로」 등이다.

박인환은 이러한 영화 속에서 나타나는 주인공의 모습, 특히 "건실한 성격이나 애정 문제 등에 얽혀 고민하는 모습보다는, 인간의 정상적인 행태를 벗어나 다소 파행의 길을 걷고 있는, 그러므로 절박한 상황으로 스스로 몰아가고 있는 모습"을 좋아했다. 그러므로 「사랑의 공포」속에 나오는, 절망 속에서도 희미한 생에 대한 '희망'을 위해 절규하는 인간의 고뇌, 또는 「제3의 사나이」에서 페니실린 위조라는 부정을 저지르면서도 자신의 행위를 합리화하며 친구와의 우정을 끝까지 지키고자 노력하는 웰스 같은 인간적인 모습, 「황금의 관冠」에서와 같이 정욕과 음울이 지배하는 분위기 속에서 서로 갈등하는 인생의 한 단면을 그는 좋아하고 있었다.

이렇듯 그는 어떤 상황, 어떤 사건에 어쩔 수 없이 휘말리게 되어도 끝내 버릴 수 없는 인간의 순결한 혼을 이들 영화의 주인공 속에서 발견하고, 이들을 영화라는 가상假想의 세계가 아닌 현실에까지 이끌어 내 보려고 노력한다. 그래서 그는 늘 담백하고 순수한, 그래서 순결한 혼을 마음에 깊이 지녔을 것이라고 생각되는 사람은 무조건 좋아했다.

6·25 전 그가 아직 미혼인 시절, 명동의 다방 〈오아시스〉에는 연극배우 남궁연이 자주 나왔다. 그녀는 자주 박인환과 친구가 되어 돌아다녔다. 그 남궁연이 사랑 때문에 고민을 하고 있다는 소문이 명동 거리에 퍼졌다. 동시에 그녀의 상대가 부인이 있는 남자라는 이야기와 함께 그의 부인이 남궁연을 찾으러 명동 거리로 나섰다는 이야기가 퍼졌다.

그런데 그때 아직 미혼인 박인환은 그녀의 복잡한 애정 문제가 자신의 문제인 양 고민해 주었다고 한다. 진정한 친구의 입장이 되어서 위로도 하고 충고도 했다고 한다. 비록 그녀가 부인이 있는 남자와 사랑을 한다는, 일견 비정상적인 연애를 함으로 해서 곤란한 입장으로 스스로를 몰아갔다고 해도, 그녀가 지닌 순결한 혼의 모습을 보았으므로, 박인환은 진정으로 안타까워하고 같이 고민을 해 준 것이라고 생각된다.

이러한 일면을 볼 때, 사실 박인환의 내면에 자리한 그의 본모습은 순진하고, 사회의 비리非理를 아무것도 모르는 '쑥맥'이었는지도 모른다. 그러므로 그의 감성은 쉽게 외부로부터 자극을 받을 수 있고, 이내 곧 흥분하고 감격했던 것이 아닌가 생각된다. 화를 자주 내는 사람일수록 오히려 화를 못 내는 사람이듯이, 감격이 많은 사람일수록 오히려 단순한 사람일 수 있다. 박인환이 바로 그런 사람이었다.

명동의 단골 술집 〈삼미정〉이 빚과 세금에 몰려 문을 닫게 될 때도, 박인환은 떠나는 주인 영감을 붙들고 "차라도 한잔 하고 가야 한다.", "헤어지는데 술이 한잔 없어 되겠느냐." 하며 그 섭섭해하는 모습은 마치 어린아이가 정든 유모乳母를 떠나보내는 것과 같았다고 한다. 〈삼미정〉에는 외상이 없는 문인들이 없었다. 이렇게 그냥 외상을 두고 떠나는 주인 영감을 붙들고, "외상값은 제가 아는 사람에 한해 다 받아 드릴 터이니, 가끔 들러 주십시오." 하고 제 외상도 못 갚으면서 남의 외상을 받아 주겠다고 자못 비장한 어투로 말했다고 한다.

자신이 당장 어려워도 남의 어려움을 보고 같이 뛰어다니는 박인환은 정말로 순수한 청년이었으며, 김광균의 표현처럼 '때가 묻지 않는' 그러한 사람이었다.

박인환이 영화평론을 쓰던 1953년, 54년경에는 또 일역판日譯版 또는 영문판英文版 시나리오도 번역을 했다. 영화 「공포의 보수」가 들어오기 전, 그는 이 영화 대본을 먼저 읽었다. 아니, 읽었다기보다는 번역료를 받고 번역을 했다는 표현이 더 정확하다.

1950년대 어느 잡지 소식란에 기사화된 일본의 원고료와 우리나라의 원고료를 비교한 표를 보면, 당시의 원고료 사정을 대략

짐작할 수가 있다. 이 작은 기사는 「일본 작가日本作家의 인세印稅」라는 자못 부러운 투의 제목을 달고 있는데, 이를 인용해 보면 다음과 같다.

일본에서 지불되고 있는 원고료는 400자字 한 장에 사천 원 정도라고 한다. 그것을 우리 화폐로 환산換算하면 200자字 한 장에 육칠천 원이 되니, 한 달에 100장만 쓴다고 해도 그 달의 원고료 수입이 육칠십만 원이 되는 셈이다.

이러한 리드 기사記事와 함께 9포인트 고딕활자로 강조하여, 일본 문인들의 일 년 치 세금과 인기 배우의 세금을 비교 설명해 놓았다. 그런가 하면, 다시 명조체의 희미한 활자로 우리나라에서 지급되는 원고료를 나열해 놓았는데,

·소설 : 200자 한 장에 150원 내지 200원(일화로 70원)
·시 : 한 편에 2,000원(일화로 700원)
·논문 : 200자 한 장에 150원 내지 200원(일화로 70원)
·번역 : 200자 한 장에 100원 내지 150원(일화로 50원)

이런 정도이니, 한 달에 100장을 쓴다고 해도 이만 원(일화 칠천 원)에 지나지 않는다는, 대단히 비감한 어투의 기사이다. 물론 이때의 '원'은 '원圓'이다. 지금도 몇몇 인기 작가를 제외한 대부분의

문인이 글을 써서 원고료로 살림을 해 나간다는 것은 어려운 일이다. 더구나 시인의 경우, 일정한 직업에서 나오는 고정액固定額이 없이 원고료로 산다는 것은 거의 불가능하다. 그러므로 박인환의 환도 후 대한해운공사의 적은 봉급으로는 생활이 어려웠고, 또 <남해호>의 사무장 자격으로 미국을 다녀온 후 대한해운공사를 퇴임한 이후 그의 생활은 더욱 어려웠다. 이에 그는 아르바이트로 수입 영화 대본인 시나리오를 번역해 주는 일을 하곤 했다.

또 그는 테네시 윌리엄스(Tennessee Williams, 1911-1983)의 「욕망이라는 이름의 전차電車」를 번역했다. 이 번역본은 이해랑 연출로 시공관市公館에서 극단 〈신협〉의 공연으로 무대에 올려졌다. 이처럼 박인환은 환도 후 서울에서 영화, 연극 등의 무대예술에 많은 정열을 쏟았던 것이다.

박인환의 가장 어려운 시절, 환도還都와 함께 안정되지 못한 직장, 불규칙한 수입, 그런가 하면 세 아이의 가장이라는 막중한 부담…, 이러한 시절에 그는 역설적으로 내면에 가장 화려한 꿈을 키우고 있었다. 아름다운 배우들이 화려한 의상을 입고 저마다 멋진 연기를 해 내는 영화, 영상이라는 무대의 화려한 꿈이었다.

현실과 배리背理된 이러한 꿈을 꾸는 것은 젊은 시인 박인환만이 아니었다. 1950년대 전쟁의 어두운 발톱이 할퀴고 지나간 거리에서 모든 의식 있는 사람은 가난했고, 반면에 이 어두운 현실의 내면에는 늘 화려하고 아름다운 꿈이 존재하고 있었던 것이다. 그러나 그 꿈은 너무 화려했으며, 태양에 날개를 불사르고 깊은 바닷속으로 빠져 버린 그리스 신화의 이카로스Icarus, 최하림의 표현과 같이 한낮의 이카로스, 박인환은 바로 1950년대의 이카로스였다.

3. 〈동방싸롱〉 주변

지금의 대한중석 건물 옆, 옛날엔 곱창집이었다가 지금은 한정식집으로 변해 버린 3층 건물에, 이 건물의 주인 청년 실업가 김동근이 자신의 전 재산을 들여 이 땅의 가난하고 외로운 예술인들을 위하여 〈동방문화회관〉(동방싸롱)을 열었다. 3층은 회의실, 2층은 집필실, 아래층은 문화인을 위한 살롱으로 제공되어, 1950년대 예술가들에게 잊지 못하는 애환哀歡의 자리를 제공해 주었던 것이다.

주로 다방 〈모나리자〉에 모이던 박인환·이봉래·이봉구 등을 비롯해, 문협文協이니, 문단의 조직이니 하는 것과는 거리가 먼 문단의 '자유분방'한 기질의 문인들이 이 〈동방싸롱〉으로 그 모임의 장소를 옮기게 되었다. 그런가 하면, 이들 문인들과 함께 영화인, 연극인들 역시 아무 하는 일도 없이 아침부터 〈동방싸롱〉에 모여 부스스한 얼굴로 죽치고 앉아서 시간을 보내고 있었다.

이때부터 〈동방싸롱〉은 문화인의 전당으로 1950년대 문단이면사文壇裏面史에 등장하게 된다. 〈동방싸롱〉을 중심으로 한 대폿집이며, 맥줏집, 카페 등은 매일 저녁 예술인들로 흥청거리게 되고, 예술인의 소굴인 양 머리가 긴 화가, 염색한 군복을 입은 영화인, 하루 종일 한마디 말도 없이 파이프 담배만 피워 물고 앉아 있는 시인 등 각양각색의 예술가들이 이곳으로 모여들었다.

그러나 그들 대부분은 주머니에는 차 한 잔 값은 고사하고 당장 돌아다닐 차비마저 없는 사람들이었다. 그나마 다행인 것은 그 당시 명동의 술집 주인들은 마음이 좋았다. 마음이 좋았다기보다는, 이들 예술가들의 예술과 생활을 이해할 수 있을 만큼 마음의 여유가 있었다. 다시 말해 그들이 떠드는 대화, 술에 취해서 읊어대는 시 몇 구절, 또는 목청을 돋구어 부르는 샹송 몇 소절을 그들이 지불하는 술값보다 더 귀중하게 생각할 줄 아는 술집 주인들이었다. 6·25 전 안주로 자반 아지만을 구워 주던 '아지테이션'의 〈무궁원〉 주인이나, 끝내 경영난으로 짐을 꾸려 가지고 떠난 〈삼미정〉의 영감, 빈대떡을 부쳐 주며 박인환의 「세월이 가면」에 눈물을 흘리던 〈경상도집〉 아주머니며, 모두가 이들 예술가의 구김살 없는 꿈과 그들의 예술을 사랑했던 사람들이다. 바로 이러한 후덕한 인심과 예술을 이해할 수 있었던 훈훈한 마음들이 있었으므로 1950년대의 명동은 문화의 거리, 예술인의 거리로 존재할 수 있었던 것이다.

〈동방싸롱〉이 문을 연 1955년경은 '새로운 도시파' 혹은 〈후반기〉에 참여했던 시인들이 저마다 자신의 세계와 목소리를 지니고 '개인 시집'을 묶어 낼 때이기도 했다. 그들도 이제는 그만큼

시에 있어서, 문학에 있어서 자신의 세계를 세울 만한 나이들이 되었던 것이다. 1955년 가을에는 김규동이 그의 첫 시집 『나비와 광장』을 위성문화사 간행으로 출판하였고, 조병화(1921-2003)의 제5시집 『사랑이 가기 전에』가 명동의 많은 젊은이들에게 사랑을 받던 때였다.

지금은 친한 사람 몇이 모여 술이나 한 잔씩 먹고 마는 약식略式 출판기념회가 대부분이지만, 그때는 한 권의 시집이 나오면 왁자지껄 사람들이 모여 출판기념회를 해 주던 때였다. 사회도 있고, 축사·축가·답사, 또 파티까지 격식格式을 갖춘 출판기념회를 다방이나 그릴에서 거창하게 갖는 것이다. 이들이 거창하고 싶어 거창하게 벌이는 것이 아니라, 그만큼 그때는 서로들 시집이 귀하다고 생각을 해 주었고, 거창하게 '기념회'를 가질 만큼 '시집 출간'을 진지하게 생각했던 때였다. 그런가 하면, 문인들 자신이 문인들의 일 아니면 바쁜 일도 별로 없을 때였다. 그런 만큼 서로 매우 심한 외로움을 느끼던 시절이었다.

그 시절, 1955년 10월 15일 산호장 출간으로 박인환은 그의 첫 시집인 『박인환 선시집朴寅煥 選詩集』을 출간한다. 처음 이 시집의 제목을 '검은 준열峻烈의 시대'라고 붙이려고 하다 어떤 이유에서인지 『박인환 선시집』이라고 붙이게 되었다.

항상 그 시대를 검은 준열의 시대라고 생각하던 박인환이 정작 그의 시집을 낼 때에는 왜 제목을 바꾸었는지는 아무도 모른다. 다만 이와 관련해서 몇 가지 추측만 떠돌고 있을 뿐이다.

박인환이 세상을 떠나기 전, 가까웠던 친구들을 찾아다니며, '신세 많이 졌다', '그동안 고마웠다'는 등 조금은 납득이 안 가는 인사를 했다는 사실과, 항시 주위 가까운 친구들에게 "천재는 일찍 죽는다. 일본의 작가 아쿠타가와芥川도 그렇고, 이상李箱도 요절했다. 그래서 나도 일찍 죽을 것이다."라고 하던 이야기, 그가 그의 많은 시에서 보였던 죽음의 의식 등을 들어, '죽음을 예감'하고 시집도 『선시집選詩集』이라고 한 것이 아니냐 하는 추측이 그 하나다. 다른 하나는 박인환 자신이 생전에 그렇게 좋아했고, 지대한 영향을 받은 것으로 알려진 스티븐 스펜더(Stephen H. Spender, 1909-1995)가 박인환과 같은 시기인 1955년에 『선시집』을 출간했다는 인연론을 펴는 것이 그것이다.

누구나 죽음을 한 번쯤 예감하지 않는 사람은 없다고 본다. 그러나 이것은 '막연한 생각'일 뿐이지 자신이 죽는다는 어떠한 확신을 가지는 것은 아니다. 과연 이 세상에 자신이 언제쯤 죽는다고 확신하는 사람이 있겠는가. 그만큼 자신의 운명에 대하여 확실하게 알 수 있는 사람은 없다. 이상李箱이 그의 종생終生을 이야기하듯이 쓴 「종생기」에 작성한,

일세의 귀재鬼才 이상은 그 통생通生의 대작 「종생기」 1편을 남기고 서력기원 1937년 정축丁丑 3월 3일 미시未時 여기 백일白日 아래서 문득 졸卒하다. 향년 만 25세와 11개월. 오호라! 상심傷心커다. 허탈이야 잔존하는 또 하나의 이상李箱 구천九天을 우러러 호곡하

고 이 한산일편석寒山一片石을 세우노라!

이러한 묘비명은 스스로 귀재鬼才임을 자처한 이상의 문학적 에스프리일 뿐이지, 그의 진정한 묘비명은 아닐 것이다. 또한 이상의 경우, 이 묘비명을 쓸 당시 심한 폐결핵으로 거의 폐인이 되다시피 한 시기라는 점을 상기할 때, 박인환처럼 건강했던 사람이 자신의 죽음을 의식하고 시집의 제목에 '선시집'을 붙였을 가능성은 희미하다. 그러나 그의 날카로운 정신에 함께 인지認知되는 어두운 세계, 다가오는 종언의 위기 등은 그로 하여금 '위기의식'을 갖게 했을 것으로 생각된다. 아울러 이러한 의식과 함께 죽음의 검은 그림자를 늘 그의 곁에 두고 있었을지도 모를 일이다.

스티븐 스펜더가 1955년에 『선시집』을 냈다는 소식을 '한국의 시인 박인환이 들었는지'는 아무도 확인할 수 없다. 지금과 같이 폭넓은 문화 교류를 하는 시대에도 구미歐美의 시단 동정詩壇動靜이 즉각 즉각 들어오지 않는 실정인데, 1950년대 그해 비슷한 무렵에 스펜더의 『선시집』이 나왔다는 소식을 과연 박인환이 접할 수 있었을까? 조향의 표현처럼 '다만 묘한 인연일 뿐'이다.

여하튼 『선시집』이 산호장에서 나오자 박인환은 바빠진다. 아직 풀이 마르지도 않은 견본을 가지고 가까운 친구들에게 돌리기가 바빴다. "병화야, 내 시집 나왔어, 술 한잔하자." 등의 소리와 함께 그는 분주히 시집을 나눠 주고 다녔다.

그러나 정작 『박인환 선시집』 완성본은 제본소에서 책을 다 찾기도 전에 화재를 당해 타 버리고 만다. 그의 짧은 생애와 같이 하얗게 잿더미로 변해 버리고 만 것이다. 그래서 시집은 냈지만 그의 시집을 받아 본 사람은 그렇게 많지는 않았다.

『박인환 선시집』이 나오자 박인환도 〈동방싸롱〉 3층 회의실에서 백철白鐵의 축사, 노경희盧耕姬의 시 낭독, 현인玄人의 샹송 등의 식순으로 출판기념회를 연다. 총 54편의 시를 실은 이 시집은 '朴寅煥 選詩集'이라는 본인의 필적으로 된 도안 글씨와 함께, 춤추는 현대의 검은 의식을 나타내기라도 한 듯한 그림을 표지로 한 시집이었다. 이 시집을 둘러싸고 앉아 문단의 원로, 중진, 신진을 비롯한 예술계의 수많은 사람들은 그의 첫 시집 출판을 기념해 주었다.

이날은 온 명동이 박인환의 날이었다. 현인의 구슬픈 샹송이 울려 퍼지는 명동의 밤, 그래서 예술인이 아닌 이 거리 상점의 주인, 종업원까지도 가슴을 설레게 한 밤이었다. 조금씩 추워지는 날씨에 멋있는 홈스펀 콤비를 입고, 왼쪽 가슴에 꽃을 단 젊은 시인 박인환은 부인 이정숙과 다소곳이 자리를 같이하고 진지하게 이 시집의 출판을 자축自祝하고 있었다. 공초空超 오상순의 끊임없는 담배 연기같이, 간단間斷없이 이어지는 술잔, 자못 뜨거운 열기를 띠고 진행되는 진지한 문학 이야기, 이 이야기들 사이사이 터지는 "브라보, 오늘의 시인 박인환을 위하여" 하는 함성…. 이렇듯 1955년 초겨울로 접어드는 명동의 밤은, 박인환의 첫 시집 『박인환 선시집』의 열기와 함께 저물어 갔다.

시인들의 시집 출판기념회에 이어, 저무는 1955년을 명동의 시인들은 그냥 둘 수가 없었다. 이규석李圭奭의 주동으로 한 해를 보내는 망년회忘年會를 하자는 의견이 나왔다. 재담에서 노래에 이르기까지 만능 챔피언인 이규석이 그 특유의 날카롭고도 재치 있는 구상 아래 프로그램을 짰다. 장소는 물론 〈동방싸롱〉이었다. 이 망년회는 여느 망년회와는 다르게, 각기 머리를 짜서 가장假裝을 하고 나오는 '가장무도회'로 열자는 것이 많은 사람들의 의견이었다.

이 밤의 스타는 이명온, 조병화, 박인환, 이규석, 차태진, 김은경, 조능식, 김종문, 백영수, 김백봉 등이었다고 한다. 전축에서 흐르는 탱고에 맞춰 각기 수염을 붙이고, 색다른 모자와 분장을 한 사람들이 온갖 춤을 추는 〈동방싸롱〉. 감격에 들뜬 박인환은 술병을 들고 카운터와 사면 벽에 아낌없이 술을 뿌리며, "우리의 〈동방싸롱〉이여, 속만 썩여 온 〈동방싸롱〉이여!"를 외쳐대기도 했다.

밤이 이슥토록 2차까지 마치고야 이들은 아직 가라앉지 않은 가슴을 안고, 각기 상가의 불들이 하나둘 꺼지기 시작하는 명동의 길고 긴 골목을 돌아, 차가운 바람에 옷깃을 세우며 각자 한등 寒燈 하나 오롯이 밝혀진 자신의 집으로 돌아갔다.

1950년대, 명동의 〈동방싸롱〉은 이러하였다. 이 지상의 정열을 온통 몰아온 듯한 열기와 감격이 지고至高를 향한 순수같이 밤낮을 막론하고 꽃피웠는가 하면, 이들이 남겨 놓은 담배꽁초며 엎질러진 술, 흩어져 있는 탁자며 삐걱거리는 나무 계단과 같이, 늘 돌아가는 이들의 가슴은 어두웠다. 어느 한적한 골목 한 곳에 웅크린 어둠보다 더 짙은 어둠을 하나씩 가슴에 안고 이들은 이 시대의 거리를 돌아 쓸쓸히 집으로 돌아가곤 했던 것이다.

이들의 감격, 이들의 신나는 지껄임, 이들의 현란한 취기, 이것들은 아마도 저 공초空超 오상순의 계속되는 담배 연기 같은 허망함, 아니면 이들이 1955년을 보내기 위하여 열었던 망년회, 그 가장무도회假裝舞蹈會에서 이들이 썼던 한 장의 낯선 가면이었는지도 모른다.

인간은 근원적으로 고독한 존재이다. 그 고독의 그늘을 벗어나기 위하여 이들은 사회를 형성하고, 이 사회 속에서 서로 몸 비비며 살아간다. 그러나 이 많은 사람들 무리에서 떨어져 나와 쓸쓸히 돌아가는 저녁. 때때로 사람들은 이 지상에 오직 자신 하나만 있는 듯한 생각을 하게 된다. 박인환도 늘 그러한 외로움을 온몸으로 체감하며 살아가던 사람이었다. 이러한 외로움의 증표는, 그 역逆의 방향에서 많은 사람과의 '만남'으로 나타난다. 화려한 만남 뒤에 도사리고 있는 '외로움의 그림자'. 불빛에 비추어 자신의 뒤를 따라오고 있는 그림자마냥, 늘 그의 내면에 도사린 그림자처럼(이는 한 개인의 어둠일 수도 있고, 또 이 시대의 어둠일 수도 있다.) 시대적인 불안과 함께 감지感知하는 어둠을 그는 첫 시집 『선시집』의 후기에 이렇게 밝히고 있다.

나는 10여 년 동안 시를 써 왔다. 이 세대는 세계사가 그러한 것과 같이 참으로 기묘한 불안정한 그러한 연대年代였다. 그것은 내가 이 세상에 태어나고 성장해 온 그 어떠한 시대보다 혼란하였으며 정신적으로 고통을 준 것이다.

　시를 쓴다는 것은 내가 사회를 살아가는 데 있어서 가장 의지할 수 있는 마지막 것이었다. 나는 지도자도 아니며 정치가도 아닌 것을 잘 알면서 사회와 싸웠다.

　신조치고 동요되지 아니한 것이 없고, 공인公認된 교리敎理치고 마침내 결함을 노정露呈하지 아니한 것이 없고, 또 용인된 전통치고 위태에 임하지 아니한 것이 없는 것처럼, 나의 시의 모든 작용도 이 10년 동안에 여러 가지로 변하였으나 본질적인 시에 대한 정조情操와 신념만을 무척 지켜온 것으로 생각한다. (후략)

'참으로 기묘한 불안정의 시대', 그로 인하여 얻게 되는 정신의 고통, 마침내 이러한 것을 이겨내기 위하여, 이러한 정신이 깃든 사회를 살아가기 위하여 박인환은 시를 쓴다는 것이다. 그러므로 시는 박인환에게 최대의 삶의 양식이며, '가장 의지할 수 있는 마지막인 것' 보루와 같은 것이 된다.

　아무리 세상의 신조가 변하고, 교리敎理가 그 결함을 드러내도 '본질적인 시에 대한 정조情操와 신념만을 지켜'가며 시인으로 살다 시인으로 생애를 마친 그의 면모를 우리는 새삼스럽게 발견하게 된다. 이러한 10년의 고뇌와 집념이 묶여진 그의 첫 시집『선시집』은 그대로 그의 살아생전 마지막 시집이 된다.

제6장

미지의 먼 항구, 그 불빛

제6장 미지의 먼 항구, 그 불빛

1. 목마와 숙녀

「목마와 숙녀」는 박인환의 대표작이다. 이는 그의 후기 작품으로, 그가 지니고 있는 리리시즘이 가장 강하게 나타난 작품의 하나이다. 그런가 하면, 이「목마와 숙녀」는 그의 만년晩年에 즉흥적으로 쓰여졌고 많은 사람들에게 애창되고 있는 「세월이 가면」과 함께, 초기에 그가 보였던 관념적이며 진술적인 표현, 사물을 직시적直視的으로 바라보는 눈을 버리고 새로운 감성의 세계로 전이轉移하려는, 그의 전환기적 입장을 보여 주는 작품이기도 하다. 만약 그가 더 오래 살아서 더 많은 시작품詩作品을 세상에 남겼다면, 초기의 덜 승화된 모더니즘의 수법에서 보다 감성으로 심화된 세계를 보일 수 있었을 것이라는 추측까지 가능하게 하는 작품이기도 하다.

이 작품에 대하여 평론가는 '모든 떠나가는 것에 대한 애상을 주지적主知的으로 노래한 시'라고 이야기하며, '시대적 불안과 애상이 매우 지적으로 세련된 표현 속에 살아 있으며', '술병에서 별이 떨어지고/ 방울 소리는 귓전에 쩔렁이고/ 가을바람 소리는 내 쓰러진 술병 속에서 목메어 우는데'와 같은 표현은 직정적直情的이며 감성적 절규가 풍미하던 전후의 시단에 매우 감각적이며 동시에 지적知的 절제를 보이는 작품(정한모·김용직,『한국현대시요람』)이라고 이야기하고 있다. 그런가 하면, 전후 50년대의 시를 이야기하는 자리에서 어느 평론가는 "도시 문명의 그늘에 대한 응시의 시선은 다분히 애상적인 시대적 분위기와 어울리면서「목마와 숙녀」 등에서 심화되어 나타나고 있다."고 이야기하고 있다. 이러한 몇몇 평론가의 지적처럼,「목마와 숙녀」는 그가 초기에 보였던 아직 심화되지 못한 생활어와 한문 투의 관념어, 문명의 냄새를 피우는 외래어 등의 패각貝殼을 말끔히 씻어 버리고, 시인 본령의 세계인 서정의 세계를 지적知的인 방법으로 심화深化시켜 형상화한 작품이다.

> 한 잔의 술을 마시고
> 우리는 버지니아 울프의 生涯생애와
> 木馬목마를 타고 떠난 淑女숙녀의 옷자락을 이야기한다
> 木馬목마는 主人주인을 버리고 그저 방울 소리만 울리며
> 가을 속으로 떠났다 술병에서 별이 떨어진다
> 傷心상심한 별은 내 가슴에 가벼웁게 부숴진다
> 그러한 잠시 내가 알던 少女소녀는
> 庭園정원의 草木초목 옆에서 자라고
> 文學문학이 죽고 人生인생이 죽고
> 사랑의 진리마저 愛憎애증의 그림자를 버릴 때
> 木馬목마를 탄 사랑의 사람은 보이지 않는다.

이 작품에 대한 많은 평론가들의 분석과 해설에도 불구하고, 명료하게 해명되지 않고 있는 부분이 곧 '목마'라는 명사와 '숙녀'라는 명사이다. 즉 이 두 단어는 현상적 언어로 설명되기를 거부하며 이 시의 중요한 핵심을 이루고 있다. 물론 시에 나오는 모든 단어가 어떠한 현상적 언어로 모두 설명되어야 한다고는 생각지 않는다. 오히려 설명될 수 없는 부분에서 시적인 매력을 더욱 느낄 수 있다. 이런 맥락에서 너무 쉽게 설명될 수 있다면, 이는 시적인 의미를 상실喪失한 시로서 별 감흥과 공감을 주지 못하는 시가 될 수 있다. 그러나 이 시에서의 '목마'와 '숙녀'는 시의 제목인 동시에 이 시를 풀어가는 중요한 중심어가 되고 있기 때문에 어떠한 의미에서도 해명되고 또 설명되어야 할 줄로 믿는다.

필자의 견해는 '목마'나 '숙녀'는 이 시인이 의도적으로 설정한 상징이라는 것이다. 아울러 우리는 '목마'라는 어휘에서 허공을 향해 껑충껑충 뛰는 '메리 고 라운드'의 목마木馬를 연상하게 된다. 빈 공간空間을 향해 두 발을 동시에 움직이며 슬픈 몸짓으로 뛰고 있는 목마, 이 목마가 디딜 수 있는 것은 든든한 땅이 아니라 허망한 허공이라는 것을 생각할 때, 줄에 매달려 어디엔가로 떠나고 있는 목마의 도약과 질주는 허무하기까지 한 것이다. 이런 점을 생각할 때, 이 시 속에서의 '목마'는 허무의 시대를 살아가는 시인의 상황을 나타내는 표상表象일 수도 있다.

이 시는 이 '목마'가 상징하고 있는 바와 같이, 허무라는 삶의 배면에 깔린 현실 의식에서부터 출발하고 있다. 시인이 인식하는 현실은 가을 속으로 떠난 목마의 방울 소리만 남아 있는 현실이요, '문학이 죽고', '인생이 죽고', '사랑의 진리마저 애정의 그림자를 버린' 그러한, 있어야 할 모든 것이 떠난 부재不在의 현실이다. 그런가 하면 '상심傷心한 별'이 '가슴에 와 가벼웁게 부서지는' 현실이기도 한 것이다.

이러한 허무는 하나의 자조自嘲처럼 1950년대 거리에 만연했고, 또는 시인의 내면에 깊이 깔려 있었던 의식이다. 그러므로 이러한 시대를 가장 절실히 살아가고자 했던 박인환의 시에 이와 같은 것들이 표출되는 것은 극히 당연한 일이라고 하겠다. 또 이 시에 등장하는 '숙녀'는 1950년대라는 시대적 정신고精神苦를 가장 강인하게 견디며 살아가는 순수한 시인 정신의 이면裏面이기도 하다. 그러므로 안쓰럽게 삶을 견디며 살아간 여류작가 '버지니아 울프의 생애'와 '목마를 타고 떠난 숙녀의 옷자락'은 같은 맥락에서 이해할 수 있다. 모든 것이 떠나가고, 우리의 문학도 인생도 사랑의 진리마저 애절한 방울 소리만을 남기고 떠난, 그러므로 모든 것이 부재不在하는 이 시대에 시인은 '한 잔의 술을 마시고' 안쓰럽게 생애를 살다간 '버지니아 울프의 생애'를 이야기하고, 또 이 시대의 마지막 순결과 같이 존재했던 '숙녀의 옷자락'을 이야기하게 된다. 그러나 이러한 이야기의 끝에 남는 것도 궁극적으로는, 저 허공을 향해 껑충거리고 뛰어간 목마와 같은 허무와 애상뿐인 것이다.

그런 가운데 시인은 '세월은 가고 오는 것'이라는 가장 평범한 진실을 새삼 깨닫게 된다.

> 세월은 가고 오는 것
>
> 한때는 孤立고립을 피하여 시들어 가고
>
> 이제 우리는 작별하여야 한다.
>
> 술병이 바람에 쓰러지는 소리를 들으며
>
> 늙은 女流作家여류작가의 눈을 바라다보아야 한다.
>
> … 燈臺등대에 …
>
> 불이 보이지 않아도
>
> 그저 간직한 페시미즘의 未來미래를 위하여
>
> 우리는 처량한 木馬목마 소리를 기억하여야 한다.
>
> 모든 것이 떠나든 죽든
>
> 그저 가슴에 남은 희미한 意識의식을 붙잡고
>
> 우리는 버지니아 울프의 서러운 이야기를 들어야 한다.
>
> 두 개의 바위 틈을 지나 靑春청춘을 찾은 뱀과 같이
>
> 눈을 뜨고 한 잔의 술을 마셔야 한다.

 가면 또 새로운 것이 와야 하고, 새로움이 오면 이것도 이내 가야 한다는 당연한 귀결을 우리가 깨닫기까지는 과연 얼마나 많은 시간이 흐르고 얼마나 많은 경험을 쌓아야 하는가. 허무하고 불안한 상황 속에서, 시인은 이 지상地上에 존재하였던 모든 것은 이내 '떠나야 한다'는 그 평범한 진리를 깨닫게 되고, '이제 우

리는 작별하여야 한다.'고 처절히 노래하게 된다. 이러한 떠남과 함께, 어쩔 수 없이 '늙은 여류작가의' 정열마저도 잃어버린 '눈'을 바라보아야만 한다는 사실을 시인은 가장 절실히 자각하게 된다. 그러므로 '등대'에 불이 보이지 않아도, 불 꺼진 등대처럼 암담한 현실을 직면하게 되어도, '가슴에 남은 희미한 의식을 붙잡고', '두 개의 바위틈을 지나 청춘을 찾은 뱀과 같이, 눈을 뜨고 한 잔의 술을 마셔야 한다'고 시인은 자학自虐 같은 진술을 하게 된다.

> 人生인생은 외롭지도 않고
> 그저 잡지의 표지처럼 통속하거늘
> 한탄할 그 무엇이 무서워서 우리는 떠나는 것일까
> 木馬목마는 하늘에 있고
> 방울 소리는 귓전에 철렁거리는데
> 가을바람 소리는
> 내 쓰러진 술병 속에서 목메어 우는데

모든 것이 떠나가고, 그 떠나는 모습마저 허공을 짚는 허무의 몸짓으로 보이는 참담한 현실에서 바라다보게 되는 '인생은 외롭지도' 않으며, '그저 잡지의 표지처럼 통속하기만' 한 것이 아니겠는가. 결코 경직되지 않은 감성으로 시인은 '귓전에 철렁거리는' 방울 소리를, '쓰러진 술병 속에서 목메어 우는' 가을바람 소리를 생生의 가장 절실한 부분으로 듣고 있는 것이다. 이렇게 시인은 있어야 할 모든 것이 떠난 부재의 현실, 부재의 1950년대라는 허무의 거리를 노래한다.

우리의 시문학사詩文學史에서 흔히 박인환을 모더니즘 시인이라고 이야기하고 있다. 문학평론가 백승철은 [시대고時代苦의 서구주의]라는 '박인환론'에서, 박인환의 시를 다섯 계층으로 나누어 고찰하고 있다. ① 순수한 서정주의 ② 기행적記行的 시 ③ 신神의 이미지 ④ 죽음 또는 벽, 밤의 이미지 ⑤ 전쟁 혹은 도시 병리病理를 통한 문명 비판의 시. 이러한 구분 중에 「목마와 숙녀」를 다섯 번째인, '전쟁 혹은 도시 병리를 통한 문명 비판의 시'로 분류하고 있다. 그런가 하면, 박인환의 시의 특질을 '몰락하는 문화 일반성에 대하여 서구 사회의 병리적 측면에서 그의 불안, 허무, 갈등의 지적 단자單子가 출현한' 것으로 논술하고 있다.

이러한 백승철의 분석 틀을 기조로 삼고 박인환의 시를 잘 고구考究해 보면, 박인환 시의 가장 밑바닥에 깔린 허무 의식을 쉽게 규명해 낼 수가 있다. 즉 그의 시 「목마와 숙녀」에 나타나고 있는 허무 의식은 곧 시대고時代苦를 겪는 시인의 의식이며, 동시에 '몰락하는 문화 일반성에 대하여 서구의 병리적 측면에서' 접하는 허무, 불안 등인 것이다. 또한 박인환은 이러한 허무를 통해 새롭게 '시대에 대한 자각'을 하게 되는 것이다.

그러나 그의 이러한 의식이 시라는 예술 형태를 통해 나타날 때에는 여타의 모더니즘 시인들과는 다르게 서정적抒情的 감성에 의해서 처리되고 있다. 그런가 하면, 지적으로 보다 세련된 서정성을 보여 주고 있다.

 바로 이러한 점이 이 시인을 〈후반기〉의 다른 시인들과 구분되게 하고, 단순히 서구적 모더니즘을 아무러한 여과 없이 받아들인 여타의 기법과는 대별하게 하는 점이다. 또한, 바로 이러한 지적知的 서정성抒情性이 그의 시에 애조哀調를 띠게 하는 요인이며, 동시에 현대라는 '슬픈 계절'을 살아가는 오늘의 많은 젊은이들에게 공감대共感帶를 형성하게 하는 것이기도 하다.

 박인환의 시는 『신시론』 출간 당시인 1948년에도 그랬고, 또 『새로운 도시와 시민들의 합창』이 출간되던 1949년에도 그랬듯이, 항시 격찬과 비난의 교차점에 자리하고 있었다. '현대의 시는 이래야 한다'는 격찬과 '이것이 과연 시냐' 하는 공격. 이러한 교차는 박인환 살아생전뿐만 아니라, 그의 사후死後 통시적 한국 시사에서 하나의 중요한 표적과 같이 부침浮沈하곤 했던 것이다. 즉 그가 살아생전 받았던 찬반贊反의 교차는 바로 공시적共時的 입장에서의 부침浮沈이라고 볼 수 있다.

 인간은 생리적으로 한 가지 경향에 오래 경도되지 못하는 경향을 지니고 있다. 지금은 비록 침몰의 시간일지 모르지만, 언제고 그것은 부상浮上의 시간을 맞이하게 된다. 그 부침 자체가 진정한 가치를 지니고 있다면. 이렇듯 인간은 어떠한 가치에 대하여 그 사고思考에 부침浮沈의 굴곡을 갖고 있는 것이다. 육류가 싫증 난 사람의 입에는 야채의 신선함이 당기고, 푸성귀의 심심함에 싫증이 난 사람이 육류의 달콤함을 찾는 것 같은 이치이다. 그러므로 박인환이 보여 주었던 도시적 서정, 지적 서정의 시적 결구結構는 인간의 이러한 사고의 굴곡에 의하여 때로는 부상浮上하기도 하고 침몰하기도 하며, 맥맥이 흐르는 한국시사韓國詩史의 흐름에 떠밀려 흘러가고 있는 것이다. 그 누구도 알 수 없는 그 끝닿음을 향하여 오늘 이 시간의 흐름과 함께 흘러가고 있는 것이다. 우리의 시사詩史 속에서 부침浮沈을 반복하며……

2. 새로운 세계로의 열망

1950년대 지성을 자처하던 사람들이 가장 극심하게 겪었던 정신적인 고통은 당시 우리 사회의 '현대성의 빈곤貧困'이었다. "우리는 모든 면에 있어서 서구의 그것에 뒤떨어져 있다. 특히 정신적인 면에 있어 우리가 지닌 현실은 빈곤하다."는 것이 이들이 지닌 일반적인 생각이었다. 그러므로 이들은 현대성의 추구라는 이념 아래 서구 지향적인 태도를 견지하고 있었다. 나아가 이들은 '현대성은 곧 서구의 정신'이라는 생각마저 아무런 거리낌 없이 받아들이고 있었다. 그러나 이러한 생각이 얼마나 위험한 생각이었나를 우리는 1980년대를 지나면서 여실히 깨달아야 했다.

'현대성은 곧 서구 정신'이라는 줏대 없는 생각의 무비판적인 수용, 자기 기준自己基準도 세우지 못한 상태에서 레이션 박스와 함께 들어오는 피상적 서구 정신의 수용은 오히려 이들을 더욱 극심한 혼란으로 몰아갈 수밖에 없었다. 급기야 어느 여류시인은 "서정주 등 대가급 시인들이 대가大家로서 우리 시단에 설 수 있었던 것은 그들이 일본어에 능숙했고, 비록 중역重譯이지만 일본어를 통해 서구 정신을 받아들일 수 있었기 때문이다. 그러나 그 후에 등장하는 시인들은 외국어인 일본어도 신통치 않고 또 직접 서구의 원서原書도 읽을 수 없었으므로 서구의 정신을 접하지 못하게 되고 정신적인 지주를 세우지 못하게 되었다."라는 망발에 가까운 말을 하기에까지 이르렀다. 이것은 정말로 넌센스가 아니라 망발이다. 이는 영문으로 작품 번역만 잘하면 노벨 문학상이 굴러들어올 것이라는 망상을 한 어느 문인의 생각만큼이나 한심한 생각이다. 노벨 문학상은 그 작품 하나에 주는 상이라기보다는 그 작품을 통해 조명되는 그 문화의 우수성에 주어지는 상이라고 할 수 있다.

오늘날 문단의 대가大家로 일컬어지는 시인들이 그러한 정신적 지반地盤을 그들의 문학에 구축시킬 수 있었던 것은, 일본어라는 '외국어'를 통해 서구를 만날 수 있었기 때문이 아니라 그 세대까지 그래도 남아 있었던 동양적인 풍모, 동양적인 정신을 그들의 문학을 통해 구현시켰기 때문이 아닌가 생각된다. 오히려 그 다음 세대에서는 이러한 동양적 유풍을 계승하지 못했으므로, 보다 폭넓은 정신의 지반을 바탕으로 한 작품 활동을 하지 못한 것이라 할 수 있는 것이다. 어떻게 남의 것인 서구의 정신이 우리에게 들어와 우리의 정신적 지반이 될 수 있는가? 다만 서구의 것은 우리 것을 심화하고 확대하는 제2의적第二義的인 역할만으로도 그 소임을 다하는 것이 될 것이다.

이 여류시인과 같은 유류類의 생각을 50년대 지성을 자처하는 많은 사람들이 했던 것은 부인할 수 없는 사실이다. 다만 염두에 둘 것은, 그러한 노력마저 없었다면 오늘에 있어 이나마 결실도 결코 거둘 수 없었을 것이요, 어떻게 보면 50년대의 이 땅의 지성인들은 현대성의 심화라는 우리 문화 토양의 성숙을 위한 밑거름, 나아가 속죄양贖罪羊이 되었는지도 모른다.

현대시의 선구를 자처하는 모더니즘 계열의 시인들도 이러한 멍에를 벗어버릴 수가 없었다. 우리 시사詩史에서 가장 혹심하게 '현대'라는 어휘와 싸움을 했던 사람들이 바로 그들이기 때문이다. 그러므로 그들의 생각의 공과를 이야기하기 전에, 우리는 그들이 부딪쳤던 벽, 또는 그들이 지향했던 정신의 저의底意를 받아들여야 할 줄로 믿는다. 대부분의 모더니즘 계열의 시인들이 그랬지만, 그들은 현대의 서구적 방법을 그들의 시작詩作에 적용하려고 노력했고, 이를 보다 구체적으로 시에 표출하기 위해 소위 '문명어文明語'라고 이야기할 수 있는 새로운 어휘를 백사장白沙場에 자갈 놓듯 그들의 시에다 담았던 것이다.

그러나 50년대 「속죄양」이라는 일련의 시를 발표하여 주목을 받았던 민재식閔在植의 뛰어난 지적과 같이 '언어의 프런티어는 새로운 낱말을 발견하는 데 있는 것이 아니라 한 낱말의 새로운 위치와 관계를 발견하는 데 있다'는 사실을, 그들은 그들의 작품

속에 적용하지 못했다.

　박인환이 극심하게 앓고 있었던 정신고精神苦 역시, 이전 시대를 극복할 수 있는 새로움이라는 문제와의 부딪침에서 생기는 것들이었다. 그가 늘 '새로운 세계'(이는 곧 서구西歐와 동일시되는 때가 많지만)를 향한 열망으로 가득 차 있었다는 것은 극히 당연한 사실이다. 그의 열망은 고갱이 원시를 찾아 떠난 것과는 반대의, 보다 새로운 문명을 향한 열망이었다. 그러므로 그는 늘 파리 예술가들의 생활, 몽마르트르 언덕이나 몽파르나스 거리를 동경했고, 언젠가는 그곳으로 뛰어들어갈 꿈을 꾸곤 했다고 한다. 그런가 하면 엘리엇처럼 자신의 세계를 찾기 위하여 많은 나라를 여행하고 싶어 했다. 〈후반기〉 동인의 한 사람이었던 양병식의 회상에서 보면, 양병식이 『예술신문』에 썼던 전후 새로운 프랑스 예술가들의 생활을 소개한 「파리 카페 살롱」이라는 글을 읽고, 박인환은 그들의 생활을 동경한 나머지 흥분을 금하지 못했다고 한다.

　이러한 박인환의 새로움으로 향한 열망은 궁극적으로 그가 지니고 있는 강렬한 성취욕과 함께 그를 지배하고 있는 선두의식先頭意識 또는 그의 서구 지향적 사고에 기인된 것이라고 생각된다. 그러므로 그가 남해호의 사무장이 되어 미국의 태평양 연안을 다녀오기 전에도, 또 다녀온 후에도 그의 왼쪽 손에는 구미歐美의 서적이 늘 들려 있었고, 그는 언제나 구미의 여러 새로운 책들을 구입해 보려고 노력했다.

이러한 성향은 그의 어린 시절로 거슬러 올라가도 확인되는 사실들이다. 일본어 번역판만으로는 성이 차지 않은 그는 오든, 스펜더, 엘리엇, 파운드의 시와 문학작품을 읽기 위하여 영어를 공부하였고, 몽마르트르의 예술가를 알기 위하여 불어 암기장을 들고 다니며 불어를 공부했다는 그의 학생 시절을 회상해 봐도 이는 알 수 있는 일들이다.

박인환의 '새로움을 향한 열망'은 이렇듯 구체적인 것이었다. 즉 그가 지닌 새로움에 대한 열망은 곧 자신의 문학적인 지평, 나아가 예술적인 삶의 지평을 새롭게 열기 위한 열망의 소산이며, 이를 보다 확연히 구현하고 싶다는 내면의 들끓음의 소산이었다. 3개월간의 미국 여행을 마치고 돌아와서도, 그는 언제고 다시 배를 타고 세계 곳곳으로 여행을 하고 싶다고 항시 이야기했다. 이러한 그의 보헤미안적 기질(모든 시인에게 있는 기질이기도 하지만)과 항시 새로운 예술의 길을 걷고 싶다는 열망이 그로 하여금 때로는 영화에도 관심을 기울이기도 하고, 때로는 이 척박한 풍토를 뛰어넘어 또 다른 세계로 비상을 하고 싶도록 만든 것이라고 생각된다.

박인환이 지니고 있는 '새로움에의 열망'은 이러한 긍정적인 면이 있는가 하면, 그와 오래 사귄 이봉래의 견해와 같이 부정적인 일면도 있었다. 이는 일종의 '도착倒錯된 본질에의 동경'이라고 표현될 수 있다. 먼저 이봉래의 회상을 들어 볼 필요가 있다.

박인환은 강원도 두메산골에서 태어났다. 흔히들 말하는 촌놈이었다.

그는 소위 촌놈 티를 벗기 위해서 의식적으로 도시를 동경했고, 일상의 행동을 모던하게 하기 위해서 무진 애를 썼다. 그러나 그를 지배한 것은 어쩔 수 없는 콤플렉스였다.

명문 출신인 아내에 대한 콤플렉스, 경기중학교 중퇴, 평양의전 중퇴라는 학력에 대한 콤플렉스, 이러한 콤플렉스를 극복하기 위한 오만스러울 정도의 자의식 과잉이 편집적 파악이라는 현상으로 그를 몰고 갔고, 그것에서부터의 탈출을 위해서 그에게는 댄디즘이란 새로운 의상이 필요했던 것이다.

이봉래의 지적에서 "소위 촌놈 티를 벗기 위해서 매우 의식적으로 도시를 동경했고, 일상의 행동을 모던하게 하기 위해서 무진 애를 썼다."라는 표현은 다소 지나친 감이 없지 않다. 소년기의 중요한 시기를 (즉 11살부터) 서울에서 학교를 다녔고 또 성장한 그가, 그러므로 그 이후 줄곧 대도시에서 생활을 한 박인환을 '촌놈 티'하고 운운하는 것은 다소 맞지 않는 표현이다. 상식적으로 생각해도, 10살 미만의 어린 시절을 강원도 산골에서 자랐다고 해서 이를 '촌놈'이라고 부른다는 것은 다소 잘못되었다는 것을 알 수 있다. 그러나 명문 중학교와 명문 대학을 끝까지 졸업하지 못하고 중퇴했다는 사실은 그로 하여금 어떠한 콤플렉스를 갖게 하는 요인이 될 수가 있을 것이다. 그러므로 그의 가장 현대적인 모습과 행동은 궁극적으로 그의 이러한 콤플렉스를 제거하기 위한 보이지 않는 노력의 산물이었다는 지적은 일면 타당한 점이 있다.

이러한 점을 생각할 때, 그가 지니고 있었던 새로운 세계에의 열망은 끝없는 자기 변신을 위한 노력의 소산이며, 자신이 지닌 약점, 다시 이야기해서 시골 출생, 중퇴라는 학력, 좋은 가문의 처가 등이 주는 콤플렉스를 극복하기 위하여 자신의 진정한 본질의 저 대안對岸에 자리하고 있는 전혀 다른 것(이는 서구적인 것이 되기도 한다)을 동경하게 되었는지도 모른다. 이것이 바로 우리가 그에게서 발견할 수 있는 '도착倒錯된 본질에의 동경'인 것이다.

이상에서 우리는 박인환이 지녔던, '새로움을 향한 열망'이라는 박인환의 한 모습을 그의 서구 지향적인 면에서 살펴보았다. 그는 이러한 자신의 열망을 실현시키기 위하여 항시 배를 타고 이국의 항구를 찾아가는 꿈을 꾸었고, 이의 구체적인 실현으로 1955년 3월 5일 자신이 소속하고 있는 대한해운공사에서 사무장의 임무를 띠고 남해호南海號에 승선하여 부산항을 출발하게 된다. 그가 열망하던 이미지즘의 본고장인 미국, 그 미국의 태평양 연안을 향해 그는 기실 한 사람의 승무원으로서가 아닌, 한 사람의 새로움을 열망하는 한국의 시인으로 3개월간의 길을 떠났던 것이다.

3. 미지의 먼 항구, 그 불빛

지금은 오히려 외국엘 다녀오지 않으면 이상한 사람이라고 할 정도로 외국 여행을 하는 사람들이 많다. 1980년대, 우리에게 외국이라는 나라가 그래도 조금은 가깝게 다가오던 시절의 한 이야기이다. 당시 어느 젊은 대학생의 이야기에서 이러한 현실이 더욱 실감 나게 다가온다. 소위 요즈음은 지구촌 시대라는 것이 이 대학생의 지론이다. 이 학생은 자신의 집이 공항동空港洞인데, 그곳에서 버스를 타고 자신이 다니는 동대문 밖의 K 대학까지 가려면 적어도 한 시간 반이 걸린다고 한다. 그런데 자기 집에서 나와 방향을 돌려 비행기를 타면, 한 시간 안에 일본 나리타 공항에 닿을 수 있다는 이야기이다. 버스와 전철에 흔들리며 겨우 종로통의 복잡한 거리를 빠져나갈 시간이면, 바다 건너 일본이라는 이국땅에 도착할 수 있는 것이 요즈음의 시대인 것이다. 그러므로 이 지구촌 시대에 우리는 이에 부응할 수 있는 사람이 되어야 한다는 것이 그 젊은 대학생의 지론이다.

그러나 1950년대 초반이라면 미국을 다녀온다는 것은 서울 장안을 통틀어도 과히 많지 않았던 '사건'이었다. 이 시대에 박인환은 '남해호'의 사무장으로 승선하여 3개월간 미국을 다녀오게 된다. 3월 초순에 떠나서, 미국 태평양 연안 도시를 돌아보고 다시 5월 초순에 부산항에 기항寄航하게 된다.

나는 나도 모르는 사이에 먼 나라로

旅行여행의 길을 떠났다.

수중엔 돈도 없이

집엔 쌀도 없는 詩人시인이

누구의 속임인가

나의 幻想환상인가

그저 배를 타고

많은 인간이 죽은 바다를 건너

낯설은 나라를 돌아다니게 되었다.

그가 미국 여행을 노래한 여러 시편詩篇 중 「여행」이란 시다. 이 시의 표현처럼, 그는 어쩌면 자기도 모르는 사이에 먼 나라로 여행을 떠난다는 환상에 사로잡혔다고 생각할 만큼 꿈같은 미국 여행길에 올랐다. 새로움을 향한 자신의 열망이 너무나도 쉽게 현실로 다가옴으로 해서, '나도 모르는 사이'라며 착각은 아닌지 의심마저 할 지경이었다. 그의 서구 여행은 그가 처한 현실로는 사실 가능한 것이 아니었다. 말하자면 '집엔 쌀도 없는' 작고 가난한 나라의 시인으로 문득 그처럼 엄청난 여행을 떠나게 되었던 것이다. 그 '엄청난' 현실에 경련을 일으키듯 '누구의 속임인가', '나의 환상인가' 하고 박인환은 스스로에게 반문하기까지 한다.

낯선 나라의 항구를 돌아다녔다는, 이러한 '나의 이 여행'을 시도하게 된 동기를 그의 「19일간의 아메리카」라는 기행문을 통해 읽어 보기로 하자.

> 솔직한 말로 나는 아무 계획도 기대도 없이 '남해호'라는 배로 떠났다. 시를 쓴다는 것이나 영화평론을 한다는 일이 이 나라에서는 생활적인 직업이 되지 못하여, 나는 대한해운공사의 그늘진 책상 옆을 몇 개월간을 나갔다. 물론 고정된 수입도 없이 막연히 생활은 어떻게 되겠지 하며, 친우들이 말리는 것도 뿌리치고 월급의 날을 기다렸다.
> 그러던 어느 날, 별로 일 같은 일도 하고 있지 않았던 나에게 배를 타고 아메리카를 한번 가 보는 것이 어떠냐는 사장의 말이 떨어졌다.
> 꿈같은 일이라고 하기에는 너무도 우스운 일이었다.

이처럼 기행문의 서두에서 밝히고 있듯이, 어느 날 문득 주어진 이 미국 여행은 그에게는 크나큰 행운이었다. 한편으로 그의 표현과 같이 '꿈같은 일이라고 하기에는 너무도 우스운 일'이었다. 이렇듯 아무런 기대도 또 계획도 없이 떠난 그는 부산항을 떠난 다음 날, 즉 3월 6일에 일본 고베神戶에 기항寄港하고, 나흘간을 일본 고베에서 보낸 후 9일 밤에 태평양, 넓고 넓은 바다를 향해 본격적인 항해를 시작하게 된다.

태평양, 우리의 사회지리부도 속에 가장 짙은 푸르름으로 칠해져 있는 그 바다를 건너 그는 미국이라는 먼 나라로 향한다.

14일간을 고독과 풍랑과 싸우며, 나는 비로소 22일 아침에 워싱턴주의 수부首府인 올림피아의 거리를 바라보게 되었다. 어떤 목적인지 나도 모르는 사이에 아메리카에 오고, 배의 한 인원이 된 의무로서 그 후 기항한 타코마, 에베레트, 안나코테스, 포트앤젤스, 포틀랜드와 그 부근의 도시, 촌락 10여 개소를 구경했다.

열나흘이라는 긴 날을 그는 태평양을 여행하게 된다. 사방이 망망하여 바다 말고는 아무것도 볼 수 없는 대해大海. 살아 움직이는 것이라곤 하늘의 갈매기뿐인 것 같은 바다에서 그는 '연월年月도 없는 태양'을 보게 되고, '죽어간 자의 표정처럼' 밀려오는 '무겁고 침울한 파도'를 만나기도 한다. 그는 거대한 자연 앞에서 미미한 존재로서의 자신을 돌아보고, 문득 스스로 '살아 있는 자'라고 외칠 수 없는' 자신을 발견한다.

이렇듯 바다에서 바다로 이어진 긴 여행 속에서 박인환이 가장 강하게 체험한 것은 '고독'이었다. '어제와 오늘의 분별'마저도 할 수 없는, 그러한 망망한 시간이 이 바다 위에 고독의 그림자를 길게 드리우고 있다는 사실을 그는 새삼 깨닫고, 그 시간 속에 갇혀 있는 자신을 발견한다.

인간의 사고思考와 인식, 이는 스스로 가지려 하는 자만이 누릴 수 있는 것이다. '남해호'라는 배의 일원으로 승선했지만, 그는 의식을 지닌 한 사람의 시인이었다. 그러므로 망망한 바다에서 더 많은 생生의 이면을 바라볼 수 있었고, 이를 시로 형상화할 수가 있었다. 「태평양에서」라는 29행 4연의 시와 「십오일간」이라는 34행 5연의 시는 바로 이 죽음 같은 고독과 불안이 엄습하는 바다 위에서 쓴 시들이다.

    밤이 지나고 고뇌의 날이 온다.
    尺度척도를 위하여 커피를 마신다.
    四邊사변은 鐵철과 거대한 悲哀비애에 잠긴
    하늘과 바다.
    그래서 나는 어제 외롭지 않았다.

철鐵과 같이 견고하고 고독이 가득한, 그러므로 '거대한 비애'가 무섭게 엄습하는 태평양이라는 거대한 바다 위에서, 오히려 '외롭지 않다'고 역설적으로 노래하던 박인환은 만 열나흘의 항해를 끝내고 3월 22일 아침에는 올림피아에 도착한다. 첫 기항지인 올림피아의 '착각이 만든 네온의 거리'에서, '거품이 넘치는 술을 마시고', 다시 배에 오른 박인환은 타코마, 시애틀을 거쳐 에베레트로 들어간다.

    텔레비전도 처음 보고
    칼로리가 없는 맥주도 처음 마시는
    마음만의 紳士신사
    즐거운 일인지 또는 슬픈 일인지

여기서 말해 주는 사람은 없다.

夕陽석양

浪漫낭만을 연상하게 하는 시간

미칠 듯이 고향 생각이 난다.

그래서 몬과 나는

이야기할 것이 없었다. 이젠

헤어져야 된다.

「透투에베레트의 일요일」이라는 제목의 이 시는, 동양의 한 작은 나라 한국에서부터 문득 머나먼 이국異國까지 떠밀리듯 실려 온 동양의 신사, 박인환이 느끼는 문화적 이질감이 잘 나타난 시이다. '텔레비전도 처음 보고', '칼로리가 없는 맥주도 처음 마시는', 그러므로 결코 이 선진 문명국先進文明國에서는 신사라고 자처할 수 없는, '마음만의 신사' 박인환은 문득 밀려오는 외로움 속에서 떠나온 고향을 생각하게 된다. 이렇듯 고향과 집을 생각하게 되는 것은 다만 길을 떠나 외지外地에 와 있기 때문만은 아니다. '즐거운 일인지 또는 슬픈 일인지' 말해 주는 사람조차 없는 '이곳', 모든 문화 환경과 역사가 다른 이국異國에서 갖는 이방인으로서의 외로움이 강하게 그를 자극했기 때문인 것이다. 그러므로 '몬(미국에서 만난 핀란드 인)과 나는 이야기할 것이 없고', '이제는 헤어져야 한다'고 담담히 노래한다.

이러한 이국인으로서의 외로움과, 전혀 다른 문화에 대한 동양의 한 지식인이 표명하는 오만한 거부, 그런가 하면 강렬하게 열망했던 서구 세계였지만 그 첨단인 미국의 도시적 메커니즘을 발견하고 오히려 강한 거부감을 갖게 되는 상황은 아이러니가 아닐수 없다. 그러므로 그는 이 문명의 허세에서부터 떠나고 싶은, 그래서 다시 돌아가고 싶은 충동을 받게 된다. 이러한 그의 마음이 잘 표현된 시가 곧 안나코테스, 포트앤젤스를 지나 마지막 기항지인 포틀랜드에서 쓴「새벽 한 시의 시」라는 작품이다.

앞으로 남지 않은 나의 暫時잠시를 위하여
記念기념이라고 진 피즈를 마시면
녹슬은 가슴과 뇌수에 차디찬 비가 내린다.
나는 돌아가도 친구들에게 얘기할 것이 없고나.
유리로 만든 인간의 墓地묘지와
벽돌과 콘크리트 속에 있던
도시의 溪谷계곡에서
흐느껴 울었다는 것 외에는…

아무리 술을 마셔도 결코 기념이 될 수 없는 이 문명의 도시에서 그의 의식은 늘 차갑게 깨어 있을 뿐이다. 그러므로 한국의 젊은 시인의 육안肉眼으로 바라다본 이국異國의 풍경은 참담한 '유리로 만든 인간의 묘지'와 '벽돌과 콘크리트'로 상징되는 삭막한 문명 도시의 풍경, 그 안에 내재하는 인간성의 상실이라는 또 다른 메커니즘의 비애뿐이었다. 그러므로 그는 진하게 젖어 드는 인간적 외로움을 맛볼 뿐이었다.

이제 돌아가 친구들에게 '아무것도 이야기할 것'이 없다고 노래하는 이 시인의 심정心情 토로는 일찍이 그가 동경한 서구 문명에 대한 배신감의 표현이기도 하다. 그러므로 그는 '천사처럼 나를 매혹시키는 허영의 네온', '너에게는 안구眼球가 없고 정서가 없다'고 노래하게 된다.

天使천사처럼
나를 魅惑매혹시키는 허영의 네온.
너에게는 眼球안구가 없고 情抒정서가 없다.
여기선 인간이 생명을 노래하지 않고
沈鬱침울한 想念상념만이 나를 구한다.

바람에 날려온 먼지와 같이
이 異國이국의 땅에서 나는 하나의 微生物미생물이다.
아니 나는 바람에 날려와
새벽 한 시 奇妙기묘한 意識의식으로
그래도 좋았던
腐蝕부식된 과거로
돌아가는 것이다.

이 거대한 문명, 격심한 문명적 격차로 인하여 박인환은 이러한 '미국적 풍물'을 생소하게 받아들일 수밖에 없었다. 그러므로 '바람에 날려온 먼지와 같이', '이 이국의 땅에서'는 자신은 '하나의 미생물'이었다고 고백하기에 이른다. 그리곤 이내, '부식腐蝕된 과거'와 같은 고향으로 다시 돌아가고 싶다는 열망에 휩싸이고 만다.

그러나 이러한 도시적 문명의 위압에도 불구하고, 그는 정신적 자존自尊을 결코 포기하지 않는 한 동양의 지식인이었다. 그러므로 그는 그의 기행문에서, "우리 한국의 어떤 일부의 대표적인 사람과 그곳 일부의 동일한 자격의 인간을 비한다면, 오히려 우리들이 정신적으로, 또는 지식의 면에서 높은 위치에 있지 않는가 생각한다."고 술회하고 있다. 이어서 "물론 아메리카 전반의 문화 수준과 우리의 문화 수준을 비교할 수는 없으나, 그러나 우리들이 조금도 정신적으로 뒤떨어져 있다고는 믿고 싶지가 않다. 그들이 노래하고 춤추고 자동차 드라이브를 할 때 우리들은 열심히 지식을 흡수한다면, 아메리카 문화와 다른 새로운 문화가 우리나라에 생기고, 사회와 가정의 생활이 높아질 것이다."라고 조금도 굽힘없이 그는 정신적 지반을 지니고 있는 국민으로서의 자존을 피력하기도 한다.

트루먼 대통령의 의회보고 연설이 절대적인 찬성리에 끝나고, 그다음 날이면 모두들 그 연설의 내용을 잊어버린다는 절대 자유의 나라. 자유와 평등에 바탕을 둔 개인주의의 찬미자로 출발하여, 시의 혁명과 같은 자유시를 들고나온 휘트먼이 태어난 나라. 인간의 평등을 만인에게 피로써 호소한 에이브러햄 링컨의 나라. 그의 표현같이, '물질문명은 극도로 발전하고 전통의 배경은 없는', 200년이라는 일천日淺한 역사를 가진 나라. 그러나 엘리엇, 에즈라 파운드같이 훌륭한 시인이자 시 이론가가 탁월한 시에 대한 혜안慧眼으로 이미지즘이라는 새로운 현대시 이론이 전개했던 나라. 이러한 나라 미국을 향해 떠날 때 박인환의 감회는 남다른 것이었을 것이 분명하다. 비록 그의 출발이, '아무러한 계획도 없이, 꿈이라기엔 너무도 우스운' 출발이었지만 그의 가슴은 현대시의 본고장을 간다는 새로움을 향한 기대로 가득 찼을 것으로 생각된다.

그러나 19일간의 미국 순방 기간 동안, 그의 고백과 같이 '워싱턴주와 오리건주의 일부 도시'의 윤곽만을 보고 온 그로서는 그의 모든 것을 채워 주기에는 너무나도 짧은 기간이었다. 다만 미지未知의 먼 항구, 그 항구의 불빛만을 바라보듯이 그는 출렁이는 도시의 냄새와 자유스러운 그들의 파티, 구김살 없이 부딪는 인간의 모습들만 보고 온 것이다.

그렇지만 일부 선구적인 유학생을 빼고는 개인 자격으로 외국을 다녀온 사람이 거의 드문 때인지라, 그는 조선일보로부터 「19일간의 아메리카」라는 기행문을 청탁받고, 1955년 5월 13일, 17일 양일간에 걸쳐 분재分載한다. 이 기행문에 실린 얘기들은 지금 보아서는 극히 상식적인 이야기에 불과하지만, 당시 전쟁과 벌목으로 피폐된 우리의 삼림森林만을 보아 온 그에게 '아메리카의 웅대성과 그 민족성'을 대변이나 하듯이 펼쳐진 울창한 삼림에 대한 특별한 감회, 생활 습관으로 굳어진 '질서', '약속 시간의 엄수' 등 자유와 절제가 공존하는 사회의 모습에 대한 예의주시, 그들이 지니고 있는 '정신적 연령'에 대한 코멘트, '전쟁에 관한 그들의 견해', 그들이 지니고 있는 '동양인에 대한 감정' 등을 자신의 주관적主觀的인 견해를 곁들여 쓴 기행문이다.

그러나 박인환에게 있어 중요한 것은 이러한 기행문에 기록된 평상적인 이야기가 아니라, 그가 미국이라는 서구 첨단의 도시, 새로운 도시에서 느끼고 받은 충격들이다. 이는 극히 개인적인 느낌이므로, 그 기행문에는 나타나고 있지 않지만, 진지하게 생을 살고자 하는 동양의 한 젊은 시인에게 다가온 그들의 환락적이며 자유분방한, 한편으로 남의 일에 관하여서는 무관심한 그들의 도시적 생활에서 받게 되는 충격은 그로 하여금 문명에의 회의와 선망을 동시에 불러일으켰던 것이다. 1950년대 '새로운 도시파'를 자처하던 박인환에게 있어 정말 '새로운 도시'와의 만남이 하나의 충격이었다면, 이는 바로 1950년대 한국 사회가 당면하고 있던 아이러니가 아닐 수 없다.

1955년 5월, 3개월간의 항해 여행을 끝내고 돌아온 그는 얼마 지나지 않아서 대한해운공사를 그만두게 된다. 그리곤 이내 다가온 그 길고 무더운 여름을 보내며, 그는 자신의 시집 출간을 준비한다.

자연인自然人 박인환, 한 사람의 모더니스트로서의 박인환, 그 보다도 가장 천연한 서정을 하나의 반짝이는 금속으로 제련하고자 노력한 주지주의主知主義의 시인 박인환은 그의 전 생애의 작품이 실릴 시집을 준비하게 되는 것이다. 이 시집의 출간은 1955년 10월 15일에 이루어졌다. 쌀쌀한 초겨울의 바람과 함께 명동의 〈동방싸롱〉에서 열리는 그의 출판기념회와 함께 1955년도 저물어 가고 있었다.

4. 아메리카 시편詩篇

「아메리카 시편詩篇」은 박인환이 3개월간 미국 태평양 연안을 순방하고 태평양을 횡단한 여행의 소산所産이다. 앞에서 인용한 백승철의 박인환 시 분류에 따르면 이는 기행시紀行詩에 해당한다. 물론 여행을 하며 쓴 작품이니 기행시라고 불리는 것이 당연한 것이다. 그러나 이들 「아메리카 시편」을 단순히 기행시로 일괄하여 묶어 버리기에는 왠지 석연치 않은 면이 있다.

무엇보다도 「아메리카 시편」의 시들은 기행시가 지니고 있는 일반적인 특질인 풍물風物·인물·민속 등에 대한 스케치나 객관적 묘사, 나아가 즉흥적인 감흥感興의 처리 등이 이 「아메리카 시편」들에서는 전혀 보이지 않고, 시인의 주관적인 감성에 의해서 면밀하게 직조된 이미지를 바탕으로 하고 있기 때문이다. 그런가 하면 새로운 도시, 전혀 체질적으로 다른 이국異國에서의 경험에서 비롯하는 시인의 내적 변화를 주관적이며 개성적으로 노래했다는 점 등이, 이 「아메리카 시편」들을 다만 기행시의 자리에 머물지 않게 하는 요인이 된다. 그런 점에서 미국 순방 중 박인환이 얻어온 가장 큰 수확은 다름 아니라 이 「아메리카 시편」들이라고 생각할 수도 있겠다.

 그러나 박인환의 대표작이라고 이야기되는 「목마와 숙녀」에 대한 평가나 또 박인환 시 전반에 대한 평가가 적지 않게 이루어졌음에도 불구하고, 소위 기행시로 일컬어지는 「아메리카 시편」들에 대한 관심은 그다지 높지 않은 것이 현금現今의 실정이다. 그러므로 그의 평전을 쓰는 자리에 시 자체에 대해 언급하는 것은 적당하지 않을 줄 알지만, 이에 대한 제반 해설 및 그 의의를 한 번쯤 짚고 넘어가야 할 줄로 생각되어 이에 대한 별도의 장을 마련하였다.

 먼저 시詩 일반에 대한 이해를 위하여 다음과 같은 수잔 K.랭거의 이야기에 귀 기울일 필요가 있다.

  오늘날 우리는 이러한 정서적 반응에 대한 관심에 빠져 있다. 따라서 문학 이론가들이 시 역시 독자의 정서에 호소하는 것, 세계와 삶의 공허성, 전쟁의 추악성, 사물의 부조리 혹은 시가 제시하는 것 일체에 대한 시인의 감정에 공감케 하는 것으로 간주하리라는 것은 불가피한 일인 것 같다.

시는 아주 일반적으로는, 사실들에 대한 전달이 아니라 시인에게 알려진 것과 똑같이 우리에게 알려지는 사실들에 대해서 '시인이 형성한 가치들'을 전달하는 것이다. 곧 삶과 죽음, 사랑과 혐오, 위선, 전쟁, 숭배, 임신 같은 사실들에 대한 가치를 전달한다. '시인이 말하는 것'은 시인이 유념하는 사실들로 구성된다. 이러한 사실들에 대한 가치는 '시인이 말하는 방식'에 의하여 부여된다. 따라서 시인의 목적은 이렇게 낯익은 사건들과 세계의 조건들에 대한 '그의 특수한 경험 방식'에 우리를 참여케 함에 있다.

다소 어렵게 논술되고 있지만, 이를 잘 고구考究해 보면 시란 시를 읽는 사람들의 정서情緖에 호소하는 것이며, 동시에 '시'라는 예술의 형태 안에 내재한 시인의 감정으로 독자의 마음을 끌어들여 공감共感하게 하는 것이라는 말이다. 그런가 하면 '시'는 어떠한 '사실'을 전달하는 것이 아니라, 시인이 형성한 '사실의 가치'를 전달하는 것이라고 이야기하고 있다. 그렇다면 '사실의 가치'를 전달하는 전 단계前段階로 '시인이 형성'하는 것은 무엇인가? 그것은 바로 시인이 사물을 인식하고, 또 이 인식의 바탕에서 시를 쓰는 과정일 것이다. 이러한 과정을 설명하며 랭거는 '인식의 방법'을 '특수한 경험 방식'이라고 이야기했고, '쓰는 과정'을 '시인이 말하는 방식'이라고 이야기했을 뿐이다.

다시 이야기해서, 시란 어떠한 사실을 전달하는 것이 아니라 그 사실의 '가치'를 표현하는 것이라는 이야기이다. 그러므로 우리는 박인환의 「아메리카 시편」들을 읽어 나가면서, 그가 미국에서 보았던 사실들을 읽으려 하지 말고, 그 사실들과 시인인 박인환의 내재적 세계가 부딪침으로 해서 시인 스스로가 인식하는 세계, 그 가치의 세계를 음미해야 할 줄로 믿는다.

박인환의 「아메리카 시편」에 등장하는 시들의 시적 구조詩的構造는 대체로 두 가지 유형으로 나누어진다.

미국이라는 전혀 다른 풍토에서 현란한 문명을 선망羨望하는 자아와 결코 동화할 수 없는 자아가 일으키는 갈등, 이러한 갈등을 통해 보다 명징明澄하게 이루어지는 자신에 대한 확인, 그런가 하면 극도로 발달한 문명 속에서 인간적인 것을 발견하지 못한다는 비애, 이러한 비애를 매개로 하여 행해지는 문명 비판 등이 그 하나다. 이와는 다른 면에서, 고향에 대한 향수와 그로 인한 고독감, 순백하고자 하는 이성과 통어統御되지 않는 감정의 갈등, 이로 인하여 빚어지는 본능적인 갈등 등이 주로 그 주요 모티프가 되는 시들이 다른 하나이다.

전자가 바로 시인이 처한 현실과의 대결 의식을 통해 빚어진 시라면, 후자는 자신이 처해 있는 현실을 수용함으로 해서 얻는 시들이라고 하겠다.

거룩한 自由자유의 이름으로 알려진 土地토지
무성한 森林삼림이 있고
飛廉桂館비렴계관과 같은 집이

연이어 있는 아메리카의 都市도시

시애틀의 네온이 붉은 거리를

失神실신한 나는 간다.

아니 나는 더욱 鮮明선명한 정신으로

타아반에 들어가 鄕愁향수를 본다.

이지러진 回想회상

不滅불멸의 孤獨고독

구두에 남은 한국의 진흙과

商標상표도 없는 〈孔雀공작〉의 연기

그것은 나의 자랑이다.

나의 외로움이다.

- 「旅行여행」 부분

  이 시는 대체로 전자前者에 해당하는 시다. '네온이 붉은 거리'로 상징되고 있는 이국의 거리에서 '실신할 듯 가고 있는' 자신의 내면에 '더욱 선명한 정신'의 또 다른 자신을 이 시인은 동시에 지니고 있다. '실신한 듯 가고 있다'는 것이 새로운 도시에 대한 이 시인의 선망의 정도를 보여 주는 것이라면, '더욱 선명한 정신'은 곧 결코 동화될 수 없다는 이 시인의 강렬한 의지의 표명이다. 그러므로 서로 상반되는 두 모습은 내적인 갈등을 일으키게 되고, 이러한 갈등 속에서 문득 이 시인은 '이지러진 회상', '구두에 남은 한국의 진흙', '상표도 없는 〈공작〉의 연기' 등으로 표현되는 자신의 실체를 더욱 확실하게 보게 된다. 이러한 실체의 발견은 궁극적으로 가장 진실한 자신에의 도달이며, 뼈아픈 자기 확인이라는 반성反省을 낳게 된다. 이런 시인의 모습에서 우리는 자신의 실체를 보려는 노력은커녕, 아무러한 반성조차도 못하며 살아가는 일상인日常人과 명확히 구분되는 것이다.

  타이프라이터의 신경질
  機械기계 속에서 나무는 자라고
  엔진으로부터 탄생된 사람들
        -「透明투명한 버라이어티」부분

 단편적인 인용이기는 하지만, '기계 속에서 나무가 자라고', '엔진으로부터 탄생된 사람들'이라는 거의 조소에 가까운 표현들은 곧 극도로 발전한 기계 문명에 대한 일종의 배신감의 표현이기도 하다. 그러므로 이러한 표현은 이내 문명에 대한 적극적인 비판으로 발전해 가기도 한다.

  시력이 없는 네온사인.
        -「透明투명한 버라이어티」부분

  벽돌과 콘크리트 속에 있던
  도시의 계곡에서

흐느껴 울었다는 것 외에는….

- 「새벽 한 시의 시」 부분

이처럼 문명의 이기 속에서 상실되어 가는 휴머니티와 도식화해 가는 삶의 모습의 발견을 통해 시인은 물질문명이 지니고 있는 비정함을 폭로하고 있다.

이와 대비되는 시들은 자신을 둘러싸고 있는 현실을 받아들임으로 해서 갖게 되는 고독감, 본능에의 뜨거운 갈등, 고향에의 향수 등이 그 주제가 되는 시들이다.

女優여우 가르보의 傳記冊전기책이 놓여 있고
그 옆에는 디텍티브 스토리가 쌓여 있는
서점의 쇼윈도우
손님이 많은 가게 안을 나는 들어가지 않았다.

비가 내린다.
내 모자 위에 중량이 없는 억압이 있다.
그래서 뒷길을 걸으며
서울로 빨리 가고 싶다고
센티멘털한 소리를 한다.

- 「어느 날의 시가 되지 않는 시」 부분

현실을 현실로 수용함으로써 인간은 오히려 외로움을 느끼게 된다. 비록 그것이 '거부'의 형식을 띠고 있다고 해도, 이는 심정적인 수용이 되고 있는 것이다. 그래서 '손님이 많은 가게 안을 나는 들어가지 않았다'는 거부의 형식을 띤 이 표현은, 역설적으로 보다 강렬하게 들어가고 싶었다는 이야기가 된다. 그러나 다음 순간 들어갈 수 없는 자신을 발견하고, 시인은 '서울로 빨리 가고 싶다'고 고백하는 것이다. 이 과정에서 느끼게 되는 고독감, 또한 밀려오는 향수, 이는 곧 시인을 본래의 자신으로 돌아갈 수 있게 인도하는 것이다.

이러한 후자에 해당하는 시들은 곧 「透투충혈된 눈동자」, 에베레스트에서 쓴 「어느 날」, 「透투에베레스트의 일요일」, 「이국 항구」 등이다.

이러한 박인환의 「아메리카 시편」은 대체로 자신의 주지적主知的인 입장이 잘 드러난 작품들이다. 그러므로 여기에서는 그의 파토스적인 성격과는 다르게, 로고스적인 언어를 우리는 쉽게 발견할 수 있다. 또한 「아메리카 시편」의 시들은 뚜렷한 주제를 보인다는 특성을 지닌 시들이다. 대부분 그의 시는 다양한 제재題材와 다양하게 변모되는 시인의 앵글로 인하여, 시의 시야視野가 다소 넓다는 것이 특징이다. 이러한 넓은 시야, 폭넓은 제재는 때때로 그의 시를 통일적으로 이해하는 데에 장애 요소로 작용하기도 했다. 다시 말해서 하나의 초점으로 응집凝集되기에는 다소 넓은 사고와 제재가 담겨 있는 것이 그의 시의 뚜렷한 특질이었다. 그러나 「아메리카 시편」의 시들은 대부분 이러한 유형에서 벗어나, 하나의 응축된 주제를 보다 뚜렷하게 보여 준다.

그를 아끼던 많은 시우詩友들의 견해를 종합해 보면, 박인환의 미국 여행 이후에 발표된 「아메리카 시편」들은 그의 시문학 세계에 새로운 돌파구를 만들어 줄 만한 새로운 모습들이었으며, 그가 만약 더 오래 살아 시를 썼다면 당분간 그런 유의 시를 쓰게 됐을 것이라고 본다. 특히 「목마와 숙녀」, 「세월이 가면」 등과 같이 자신의 본령이 될 수 있는 리리시즘의 세계, 또한 「아메리카 시편」들에 나오는 현실의 수용이라는 문제와 함께 야기惹起되던 그의 서정적 감성 등은 그의 훗날을 기대하는 시가 되기에 충분한 것들이다.

그러나 어이하랴. 그는 이 「아메리카 시편」들을 세상에 내놓고 불과 일 년이 지나지 않아 문득 유명幽明을 달리하였으니, 이는 한 시인에 있어서만이 아니라 시를 사랑하는 모든 사람들을 위해서도 진실로 불행한 일이 아닐 수 없다.

> 다리 위의 사람은
> 愛憎애증과 負債부채를 자기 나라에 남기고
> 岩壁암벽에 부딪히는 파도 소리에 놀래
> 바늘과 같은 손가락은
> 欄干난간을 쥐었다.
> 차디찬 鐵철의 固體고체

쓰디쓴 눈물을 마시며

混亂혼란된 意識의식에 가라앉아 버리는

다리 위의 사람은

긴 航路항로 끝에 이르는 靜寞정막한 토지에서

神신의 이름을 부른다.

그가 살아 오는 동안

風波풍파와 孤絕고절은 그칠 줄 몰랐고

오랜 세월을 두고

DECEPTION PASS에도

비와 눈이 내렸다.

(중략)

絕壁절벽 밑으로 그의 의식은 떨어진다.

太陽태양이 레몬과 같이 물결에 흔들거리고

州立公園주립공원 하늘에는

에메랄드처럼 반짝거리는 기계가 간다.

변함없이 다리 아래 물이 흐른다.

絕望절망된 사람의 피와도 같이

파란 물이 흐른다.

다리 위의 사람은

흔들리는 발걸음을 걷잡을 수가 없었다.

― 「다리 위의 사람」 부분

안나코테스에서 쓴 이 시는 '불안과 고독'이라는 절대의 상황에 처해 있는 시인의 고뇌가 차분히 잘 나타난 작품이다. 아울러 그의 서정적 진실이라고 볼 수 있는 스스로에 대한 자괴自愧, 이러한 자괴와 함께 끊임없는 생존과 같이 진행되고 있는 자연의 모습인 물의 흐름에 투영되는 자신의 실재를 그는 뜨거운 눈으로 보고 있는 것이다.

그러나 우리는 박인환의 이러한 시에서 그가 자연이라는 시적 제재를 수용하는 모습을 다시 볼 수 있다. 동양 전통적인 방법으로는 자연과 내가 한 덩어리가 되어, 불변하는 자연에 모든 것을 의탁함으로써 현실적 고뇌를 초극超克하고자 한다. 그러나 박인환에게 있어서 자연이라는 시적 제재의 수용은 곧 상징, 그 이상의 의미는 갖고 있지 않다. 그에게 있어 자연은 자신의 내면을 표출하는 상징적 매재媒材에 불과한 것이다. 그러므로 우리는 이러한 그의 시 속에서 자연 취향적 세계를 끝까지 견제하는 모습을 볼 수 있다.

불과 19일의 순방 여행치고는 많은 양의 작품과 좋은 질의 시를 얻었다. 그의 친우 이진섭(1922-1983)의 말처럼 "눈만 부리부리하게 굴리면 이내 한 편의 시가 튀어나온다"는 그의 모습을 우리는 다시 이 「아메리카 시편」들을 통하여 실감할 수가 있다.

천성이 시인이었고, 그래서 화려한 예술 세계를 더욱 열망하였던 그를, 오늘까지 많은 사람들이 잊지 못하는 것은 바로 그의 구김살 없는 삶과 그 삶 위에 스스로 걸쳤던 시라는 화려한 의상, 스스로 짊어지려고 했던 그 천형天刑의 고뇌, 이러한 것들 때문이 아니었는가 생각한다.

제7장

죽음이라는 이름의 그림자

제7장 죽음이라는 이름의 그림자

1. 세월이 가면

1955년 5월 남해호와 함께 부산에 귀향한 박인환은 부산에서 〈후반기〉 동인의 한 사람이었던 조향을 잠시 만나고는 이내 서울로 돌아온다. 이후 그는 소속해 있던 대한해운공사를 그만두고, 일정한 직업 없이 지내게 된다.

1955년에 박인환은 한편으로는 자신의 손으로 『박인환 선시집』을 꾸미고, 또 뜻하지 않게 미국 여행을 다녀오는 등 그의 생애에 가장 바쁘고 흥분된 한 해를 보냈다. 그러나 이 시기는 이러한 화려한 활동의 이면에서 박인환이 가장 어려운 생활을 하던 시기이기도 하다. 이러한 1955년을 〈동방싸롱〉의 망년회와 함께 보내고, 그는 1956년을 맞는다. 박인환도 어느덧 삼십 초반에 들어서게 된다. 아직 젊음의 혈기가 그대로 남아, 여느 청년 못지않게 그의 정열을 발산할 수 있지만, 간혹 그에게 다가오는 지난날을 회상하는 시간은 어쩔 수 없이 그를 한 사람의 중년으로 몰아가고 있는 것이다. 이것은 마치 박인환이 지은 '세월이 가면'의 한 구절같이, 저 '나뭇잎이 떨어져 흙이 되는' 그러한 이치와도 같은 것이리라.

이 시기는 앞으로의 먼 인생 항로를 설계하기도 하지만, 지난

날에 대한 회상도 이에 못지않게 하는 나이이다. 아직 박인환이 31세라는 젊은 나이지만 20대에 가졌던 기억은 새삼 새롭고 그리운 것들이다. 그러므로 그에게 나이와 함께 첨가된 것이 바로 '회상'이란 단어이다. '시는 그 절대적 나이를 지닌다'는 어느 시인의 말처럼 젊은 시절에 쓸 수 있는 시가 있는가 하면, 중년에 쓸 수 있는 시가 또한 있는 것이다. 그러므로 박인환은 30대 초반이라는, 서서히 중년의 문턱을 들어서는 나이, 이 나이에 맞는 시를 쓰게 되는 것이 당연하다 하겠다. 그래서 이 시기 대표 작품인 「세월이 가면」은 다분히 회고 투의 노래가 되고 있다.

  세상에서는 흔히 이 「세월이 가면」을 노래라고 알고 있다. 이 시가 노래로 됨으로 해서 더욱 세상에 알려졌기 때문이다. 옛날에는 시詩와 가歌가 엄밀히 분리되지 않았었다. 그래서 시라고 이야기하지 않고 시가詩歌라고 불렀다. 한 편의 시에는 당연히 한 곡의 멜로디가 붙어 있었던 것이다.

  그러나 현대로 오면서 시가가 분리되어 시는 시라는 언어로 남게 되고, 노래는 멜로디로 남게 되었다. 이러한 구분이 가장 확실한 때는 현대시가 쓰여지기 시작한 때부터이다. 그런 점에서 50년대 가장 첨예한 현대시를 강조하던 〈새로운 도시파〉,〈후반기〉 동인의 주요 멤버였던 박인환의 시가 가歌와 만나서 가장 훌륭한 한 편의 노래가 되었다는 것은 다소 모순을 드러내는 사실이 아니겠는가. 이러한 사실은 어떻게 해명될 수 있는 것인가? 박인환은 이렇게도 쓰고, 또 저렇게도 쓰던 시인이란 말인가?

이에 대한 필자의 견해는 그의 후기 작품들 가운데 지적 서정을 노래한 작품이 다수 포함된 것으로 보아, 그의 시 세계의 본령은 문명 비판이라는 측면에 있었던 것이 아니라, 내면적 심성心性을 감성에 호소하는 서정의 측면에 있었다는 것이다. 더구나 그가 세상을 떠나던 날 오전 10시쯤, 의사인 김영택金榮澤이라는 사람에게 가서『선시집』을 주며 나눈 이야기 중 "제1차 대전 후 회화繪畫가 피카소 같은 사람들의 초현실파의 영향을 받고 그랬지만… 저도 전에는 그런 식으로 써 봤지만, 시란 회화와 달라 역시 그러면 못 쓰겠어요. 그래서 저는 근자에 그리 난해한 시는 안 쓰기로 했습니다."라고 이야기했다는 것을 보아도, 그는 서서히 모더니즘 시에서 벗어나려고 했던 것으로 생각된다. 이러한 서정성 추구의 결과로 빚어진 시편들이 한 편의 노래가 되는 것은 지극히 자연스런 귀결이었다.

　철학교수 조요한趙要翰의『예술 철학』에 의하면, 본질적으로 '노래하는 것'과 '생각하는 것'이 동등한 것은 아닐지라도 언어라는 기반 위에서는 동일同一한 것이라고 기술되어 있다. 철학자들의 분별력 있는 사고思考에 의하면 동등同等이란 '모든 것이 그 속에서 무차별하게 합치는 것'을 말하는 데 비하여, 동일同一이란 '서로 다른 것들이 그 차이를 분명히 하면서도 함께 전체의 일부를 형성하는 것'을 뜻한다. 고로 노래하는 것과 생각한다는 것은 본질적인 차이를 지니고 있지만, 전체의 일부를 구성하는 동일선상同一線上에서 파악이 가능한 것들이다. 물론 여기에서 말하는

'생각하는 것'은 철학적인 사유를 뜻하지만, 시를 쓰기 위한 사유 思惟도 이 범주에 넣을 수 있다. 그러므로 시를 쓰는 시인의 사유 작용과 시가 노래로 불리는 것은 궁극적으로 동일선상에 놓이는 것이다. 이러한 생각을 바탕으로 할 때에, 시와 노래歌가 거의 항상 어울려 표현되었던 옛날이 오히려 더 자연스러웠는지도 모른다.

이제 우리는 「세월이 가면」이라는 박인환의 시가 노래로서 보다 많이 알려지게 되었다는 사실에 대한 이론적인 지반地盤을 나름대로 얻게 되었다.

이봉구의 증언에 의하면, 이 노래의 작곡자는 이진섭이다. 박인환의 명동 시절부터 친구였던 이진섭은 1956년 이른 봄 〈동방싸롱〉 맞은편, 빈대떡을 부쳐서 안주로 파는 〈경상도집〉에서 박인환이 지은 「세월이 가면」에 즉흥적으로 곡을 붙였다고 한다.

아직 쌀쌀한 기운이 도는 1956년 이른 봄, 박인환은 예의 모습 그대로 늦은 시간까지 〈경상도집〉에 홀로 앉아 대폿잔을 기울이고 있었다고 한다. 그때 마침 그곳을 지나던 극작가이며 언론인인 이진섭이 박인환이 혼자 앉아 있는 모습을 보고 술집으로 들어와 합석을 한다. 이때 박인환의 모습은 왠지 쓸쓸했고 또 우울해 보였다고 한다. 이야기를 시켜도 별말이 없이 앉아만 있던 박인환이 문득 종이와 펜을 꺼내더니 무엇을 끄적이며 써 내려갔다. 몇 번을 고치고 다시 쓰고 하더니 그 쓴 것을 앞에 앉은 이진섭에게 보여 주었다. 이를 받아든 이진섭은 매우 간결하며 호소력이 있는 시 「세월이 가면」을 읽고 또 읽다가 문득 그 자리에서 즉흥적으로 곡을 붙였다고 한다. 즉 시도 즉흥적으로 쓰여진 것이고 이에 붙여진 곡 역시 즉흥적인 것이이라고 한다. 그것도 빈대떡을 부쳐 파는 대폿집에서.

이렇게 만들어진 노래 「세월이 가면」을 이 두 사람은 서로 시창始唱을 해 보는데, 마침 이곳에 들른 테너 임만섭이 합석을 하고, 임만섭이 그 청아하고 고혹적인 목소리로 이 「세월이 가면」을 부르게 되었다고 한다.

그런데 송지영의 기록은 다소 다르다.

박 시인이 세상을 뜨기 얼마 전 우리들이 잘 모이던 동방살롱에서 인환, 진섭, 나애심, 나 넷이 만나 그냥 헤어지기 서운하니 아무데서나 한잔하자고 하여 바로 길 건너 대폿집으로 들어가 카운터에 걸터앉아 얼큰히들 취하자 누군가 먼저 노래를 불렀다. 당대에 이름을 크게 떨치던 애심 양에게 짓궂게 한 곡조 뽑으라고 조르게 되었다. 좀체로 노래는 나오지 않았다. 그러자 박 형은 취흥을 빌어 즉석에서 가사를 썼고, 진섭 형이 또한 그 자리에서 곡을 만들었다. 가사와 곡을 들여다보며 나 양은 저절로 흥이 솟구쳐 그 맑고 구성진 목청으로 노래를 불렀다. 다음엔 셋이서 합창을 하고 나는 손바닥으로 카운터를 두들기고. 그날 밤 그 자리에서 만들어진 것이 바로 오늘까지도 널리 애창되는 「세월이 가면」인 줄을 아는 사람은 그리 흔치 않다.

대폿집 멤버가 임만섭에서 송지영과 나애심으로 바뀌었다. 근역서재에서 펴낸 『세월이 가면』의 편집자 주에서는 임만섭이 참석한 첫 발표회가 먼저 있었고, 그로부터 잠시 후 참석자 중 몇 사람이 자리를 옮긴 후 거기서 나애심이 노래를 부른 것으로 판단하였다. 이에 염철과 함께 『박인환 문학전집』을 꾸민 엄동섭도 "'명동 샹송'의 첫 발표회에 대한 증언은 이봉구 측(참석자 : 박인환, 이진섭, 이봉구, 임만섭)의 것과 송지영 측(참석자 : 박인환, 이진섭, 송지영, 나애심)의 것으로 대별된다. 박인환에 대한 회고문을 집성한 『세월이 가면』에 의하면 두 측 모두 같은 날 같은 장소에서 회합을 가졌지만, 이봉구 측의 모임이 먼저 있은 후에 송지영 측의 모임이 뒤따라 열린 것으로 밝혀졌다."라고 판단하였다. 두 사람의 증언 모두 동방살롱 건너편의 빈대떡집 혹은 대폿집이라고 하였으므로 송지영 측이 장소를 옮긴 것 같지는 않다. 어쨌든 송지영의 증언은 "박 형은 취흥을 빌어 즉석에서 가사를 썼고, 진섭 형이 또한 그 자리에서 곡을 만들었다."는 것, 그래서 「세월이 가면」은 "그날 밤 그 자리에서 만들어진 것"이라는 사실에 초점을 맞춘 것이었다. 결국 이봉구와 송지영의 증언은 그 후 여러 모양으로 변형, 파생되면서 「세월이 가면」의 '즉석' 신화를 지속적으로 만들어내는 원천이 된다.

그런가 하면 이봉구 측 멤버와 송지영 측 멤버의 등장 순서를 정반대로 보는 증언도 있다. 『아! 박인환』을 쓴 강계순의 기록을 보자.

1956년 이른 봄 저녁 경상도집에 모여 앉은 박인환, 이진섭, 송지영, 영화배우 나애심이 술을 마시고 있었다. 술이 몇 차례 돌아가자 그들은 나애심에게 노래를 부르라고 졸랐지만 그녀는 좀체 부르지 않았다. 그때 갑자기 박인환이 즉석에서 시를 쓰기 시작했다. 그 시를 넘겨다보고 있던 이진섭도 그 즉석에서 작곡을 하고 나애심은 흥얼흥얼 콧노래로 그 곡을 부르기 시작했다. 이렇게, 깨어진 유리창과 목로주점과도 같은 초라한 술집에서 즉흥적으로 탄생한 것이 오늘까지 너무나도 유명하게 불려지고 있는 「세월이 가면」이다. 한두 시간 후 나애심과 송지영은 돌아가고 임만섭, 이봉구 등이 합석을 했다. 테너 임만섭이 그 우렁찬 성량과 미성으로 이 노래를 정식으로 다듬어서 불러, 길 가는 행인들이 모두 이 술집 문 앞으로 모여드는 기상천외의 리사이틀이 열렸다. 마른 명태를 앞에다 놓고 대포잔을 기울이면서 아름다운 시를 쓰고 작곡을 하고 노래를 부르는 사람들, 그리고 그들을 지켜보며 박수를 보내는 많은 행인들ㅡ. 그것은 마치 낭만적인 영화의 한 장면 같기도 했다.

송지영과 나애심이 떠난 뒤에 이봉구와 임만섭이 와서 서로 대폿잔을 돌리며 술을 마셨다는 이 일화는, 즉흥적으로 시를 짓고, 또 그 시에 즉흥적으로 곡을 붙이고 이를 노래로 부르는, 그야말로 가장 즉흥적인 '샹송의 축제'라는 데에는 아무러한 차이가 없다. 즉 이들은 시를 짓고 또 이 시에 곡을 붙이고 노래를 하며, 그래서 술에 취하고 기분에 취하고 노래에 취하여 기분이 좋아진 사람들은 누가 나고 들고 상관하지 않고 몇 번이고 이 노래를 부르고 불렀을 것이다. 노래와 술, 삶과 사랑에 취하고 지난날의 즐거웠던 추억에 흠뻑 젖어 시간이 가는 줄도 모르고 노래를 하고 또 노래를 하는 동안 사람들이 하나둘씩 시나브로 모여들게 되고, 그래서 그날 밤 명동의 밤은, 후일 '명동의 엘레지'가 된 이 노랫소리와 함께 덧없이 깊어만 가고 있었다.

> 지금 그 사람의 이름은 잊었지만
> 그의 눈동자 입술은
> 내 가슴에 있어
>
> 바람이 불고
> 비가 올 때도
> 나는 저 유리창 밖
> 가로등 그늘의 밤을 잊지 못하지

사실, 애절한 곡조로 노래된 이 시는, 곡曲이 붙여지기 전에 이미 한 편의 노래였다. 다시 말해, 이 시는 내적으로 충분히 노래가 될 수 있는 음율을 지니고 있다. 흔히 예술이론가들은 '가장 순수한 예술의 형태가 바로 음악'이라고 이야기한다. 그러므로 시가 내재적으로 음악을 지향한다는 것은 바로 가장 순수한 상태를 향한 지향이라고 할 수 있다. 어떠한 가식假飾도 또 허황된 부풀림도 없이, 추억의 가장 아름다웠던 부분만이 '유리창 밖 가로등 그늘의 밤'과 같이 떠오를 때, 그 사람의 마음은 어린애와 같이 아무런 불순한 욕구도 느끼지 않는 순수한 상태가 되는 것이다. 문학이론가 콜링우드가 '예술은 인간의 최초의 기본적인 정신활동'이라고 이야기하며, 예술의 발생이 어린애 같은 원시적 활동에 의해서 생겨난 것이라고 말한 바로 그 경우인 것이다.

이렇게 볼 때, 「세월이 가면」을 짓고, 곡을 붙이고, 노래할 수 있었던 그들은 비록 30대 초반이라는 어른이지만, 본질적으로 어린이와 같은 순수성을 잃지 않고 있었던 사람들이 아닌가 생각된다.

　　　　사랑은 가고
　　　　과거는 남는 것
　　　　여름날의 호숫가
　　　　가을의 공원
　　　　그 벤치 위에
　　　　나뭇잎은 떨어지고
　　　　나뭇잎은 흙이 되고
　　　　나뭇잎에 덮여서

우리들 사랑이 사라진다 해도

지금 그 사람 이름은 잊었지만

그의 눈동자 입술은

내 가슴에 있어

내 서늘한 가슴에 있건만.

추억이란 참으로 표현하기 어려운 묘한 어떤 것이다. 지난날의 아리고 쓰린 기억들도 세월이 지나고 나면, 다시 눈물겹게 그리워지는 무엇으로 자리하기도 하니 말이다. 그래서 우리의 선인先人들이 '세월은 약이다'라는 속담을 만들어 놓았는지도 모른다.

흐르는 계곡의 물이 때때로 오염이 되고 그래서 더러워진다고 해도, 이 물이 수십 미터만 내려가면 자연이 지닌 위대한 힘에 의하여 여과되고 다시 맑아진다.(물론 옛날에나 있었던 오염이지 오늘날의 중금속 등 심각한 오염을 말하는 것은 아니다.) 그만큼이나 자연은 어느 정도의 스스로를 정화할 수 있는 여과의 능력이 있다는 이야기이다.

세월의 흐름도 자연이다. 자연 그대로의 흐름, 이것이 바로 우리가 지내오는 세월인 것이다. 그러므로 세월이라는 이 자연의 흐름에도 자연의 위대한 힘인 '여과 장치'가 있음이 당연하다. 따라서 이러한 세월 속을 지나는 동안 우리의 추억, 우리의 과거는 그 자연의 여과 장치에 의하여 깨끗이 정화됨으로써 쓰리고 아팠던 일들, 부끄럽고 후회스러웠던 일들을 모두 순화하고 정화되어 하나의 아름다움으로 다가오게 마련인 것이다. 이것은 체념과는 다르다. 체념은 아름다운 것도 가슴 아팠던 것도 모두 잊어버리는 포기의 상태를 가리키는 말이지만, 그것은 변화 이전에 파괴를 가져온다. 그러나 세월에 깃든 힘은 아름다운 일은 더욱 아름답게, 슬픈 일도 알싸한 추억으로 변화시키는 힘이다.

그러므로 '세월은 가도', '옛날은' 하나의 아름다움으로 지금까지 그의 가슴에 남아 있는 것이 아니겠는가. 세월이라는 망網으로 이물질異物質을 걷어낸 물처럼, 그래서 잔잔히 슬픔이라는 앙금이 가라앉은 물처럼, 그는 투명한 슬픔을 가슴에 안고 '그 벤치 위에 나뭇잎은 떨어지고, 나뭇잎은 흙이 되고, 나뭇잎에 덮여서, 우리들 사랑이 사라진다고 해도' 그 잔잔한 슬픔 같은 아름다운 추억은 '서늘한 가슴에' 남아 있다고 노래하는 것이다.

이러한 「세월이 가면」에 대한 증언은 또 다른 것도 있다.

「세월이 가면」을 지을 무렵, 박인환의 생활은 극히 어려웠다고 한다. 전쟁이 휩쓸고 간 거리에서 가장 준열한 시대의 비판자이기를 자처하던 그는, 다만 봉급에 매달려 마음에도 없는 직장을 나갈 수밖에 없었다. 그래서 한때는 '모든 일을 선의善意로 해석하자는' 나름대로의 신조信條를 세우고 회사의 책상 한구석을 붙들고 지내보기도 했다. 그러나 그의 내면적 자아는 이마저도 그냥 두지 못했다. 한때 어떤 잡지사에 취직을 한 김동인金東仁이 근무 중에도 중절모를 벗지 않고 그냥 책상 앞에 앉아 있다가,

이를 보다 못한 사장이 "김 선생, 사무실에서는 모자를 벗으시지요." 하는 한마디에 벌떡 일어나 나가 버리더니 이내 종무소식이었다는 일화를 남겼는데, 이는 박인환의 예술적 기질과 잘 통하고 있는 이야기이다.

　예술적 기질이란 본래 '보헤미안 템포'라고 하여, 보헤미안적인 기질과 동일시同一視되고 있다. 그러므로 이는 한군데 안주安住하고 정착하기보다는, 항시 이 안주의 틀을 부수고 그로부터 뛰쳐나오려고 하는 것이 그 특징이다. 특히 박인환을 잘 안다는 K라는 사람은 그를 '신문기자로서 실패한 사람'이라고 지칭하는데, 이는 바로 그가 지니고 있는 예술적인 기질, 즉 보헤미안 템포를 모르기 때문에 한 말이라고 생각된다. 박인환이 신문기자로 안주하였다면 물론 생활의 안정은 다소 되었겠지만, 과연 그가 오늘까지 시인으로 그의 이름을 남겼을까? 이는 실로 의문시되는 일이다.

　이런 박인환의 예술가의 기질을 가장 잘 나타낸 작품이 다음과 같은 것이다.

　　　　폭풍이 머문 정거장 거기가 출발점
　　　　정력과 새로운 의욕 아래
　　　　열차는 움직인다
　　　　격동의 시간
　　　　꽃의 질서를 버리고

空閨공규한 운명처럼

열차는 떠난다

검은 기억은 전원에 흘러가고

속력은 서슴없이 죽음의 傾斜경사를 지난다

청춘의 복받침을

나의 시야에 던진 채

미래에의 外接線외접선을 눈부시게 그으며

배경은 핑크빛 향기로운 대화

깨진 유리창 밖 황폐한 도시의 잡음을 차고

율동하는 풍경으로

활동하는 열차

- 「열차」 부분

스티븐 스펜더의 "궤도 위에 철鐵의 풍경을 질주하면서 그는 야생한 신시대의 행복을 전개한다."라는 시 구절을 시의 앞에 인용한 이 박인환의 「열차」는, 그의 들끓는 열정과 함께 통어統御할 수 없는 예술적 기질을 잘 대변하고 있는 시이다.

'폭풍이 머문 정거장', '정력과 새로운 의욕 아래' 움직이는 열차, 시인 스스로 포기하게 되는 '꽃의 질서' 등, 열차가 지니는 가속도加速度와 함께 '서슴없이 죽음의 경사를 지난다'고 시인은 노래하고 있다. 그러므로 이 시인의 '열차'는 어떠한 힘도 멈추게 하

제7장 죽음이라는 이름의 그림자 · 221

지 못하는 그러한 열차이며, 또 필연적으로 '공규空閨한 운명처럼' 새로움을 향하여 떠나야 하는 그의 시인으로서의 기질의 상징이기도 한 것이다. 1950년대라는 저 황량한 시대의 궤적軌跡 위를 박인환은 열차처럼 '황폐한 도시의 잡음을 차고, 율동하는 풍경으로' 그의 예술에의 열망을 싣고 달렸던 것이다. 열차의 스팀이 다할 때까지, 한순간도 쉼이 없이 세종로에서 명동으로, 명동에서 다시 종로로, 그런가 하면 종로에서 미국이라는 머나먼 이국으로, 결코 안주하지 않고 정신의 광야를 달렸던 것이다.

그러나 세월은 가고 이러한 백열白熱 같은 정신의 시인은 떠나고 우리는 그가 남긴 한 편의 시, 한 편의 노래를 부르며, 저 가을의 공원과 벤치를, 지금이라도 그의 온기溫氣가 살아날 듯한 그가 머물던 자리를 생각하게 되는 것이다. 그리곤 이내 절규가 지나쳐 격문檄文과 같이 된 시詩나 시의 허울을 쓰고 짧은 잡문雜文 토막과 같은 글을 시라고 떠들며 행세를 하려는, 시와 비시非詩와의 구분이 없어지는 이 시대에, 가슴으로 전해 오는 시를 더욱 그리워하게 되는 것이다. 시를 향한 뜨거운 열정熱情과 함께.

2. 아포롱을 위하여

이상李箱은 스스로 귀재鬼才임을 자처한, 1930년대 후반 한국의 문단에 혜성처럼 나타난 시인이자 소설가이다. 그러나 '귀재'

이상은 1937년 4월 17일 새벽 일본 동경東京에서 '레몬 향기가 맡고 싶소'라는 유언만을 남기고 27세라는 짧은 일기로 쓸쓸히 죽어간다.

「죽은 아포롱에게」라는, 박인환이 이 지상에 남긴 마지막 시는 이상을 추모하며 쓴 것으로, 그가 세상을 떠나기 3일 전인 1956년 3월 17일 자 동아일보에 실렸던 시이다.

> 당신은 나에게
> 환상과 흥분과
> 열병과 착각을 알려 주고
> 그 빈사의 구렁텅이에서
> 우리 문학에
> 따뜻한 손을 빌려 준
> 정신의 황제

'나에게 환상과 흥분과 열병과 착각을 알려 준' 사람이며, '빈사瀕死의 구렁텅이' 같은 우리 문학에 '따뜻한 손을 빌려 준' 정신의 황제라고까지 박인환이 극찬하는 이상李箱, 그는 누구인가? 일반적으로 알고 있는 이상은 본명이 김해경金海卿이며 띄어쓰기도 안 하는 '이상한 시'를 쓰는 시인이었다는 사실이다.

그런가 하면 초현실주의, 다다이즘 등 당시로서는 전혀 새로운 방법을 시에 도입했던 시인이라는 사실도 우리는 알고 있다. 그러면 어떤 면에서 박인환은 이상을 정신의 황제라고까지 극찬하게 되었는가?

이상 김해경은 1910년 서울 사직동에서 태어났다. 1929년 그는 우리 나이 스무 살이 되던 해에 경성공고를 졸업하고 조선총독부 내무국 건축과 기사로 취직하게 된다. 그러나 이미 그 무렵부터 이상에게는 한 사람의 건축기사로서의 생애보다 문학적 천착이 더 중요했다.

그는 그해 12월에 조선건축학회 기관지인 『조선과 건축』의 표지 도안 현상에 응모를 하여 1등과 3등으로 동시에 뽑혔고, 이를 인연으로 1931년 9월호에 「이상한 가역반응可逆反應」이라는 '이상한' 시를 발표한다. 물론 그 전에 장편과 단편 등 소설을 세상에 발표한 일이 있지만, 시 발표는 이것이 처음이다.

그러나 이상이 우리 문단으로부터 본격적인 주목을 받기 시작한 것은 1934년 7월 24일부터 8월 8일까지 조선중앙일보에 「오감도鳥瞰圖」를 발표하면서부터이다. 본래 30회 연재를 목표로 시작하였으나, 신문사 안팎으로부터 일대 센세이션을 불러일으키면서 15회로 중단되고 말았다. 말썽은 신문사 문선부文選部에서부터 터지기 시작했다. '조감도鳥瞰圖'라는 말은 있어도 '오감도鳥瞰圖'라는 말은 본래 없는 것이기 때문에 빚어진 사건이다. 즉 문선부의 직원이 '오감도'는 '조감도'의 오자誤字라고 생각하여 '조감도'로 고쳐서 조판을 해서 올리면, 편집부에서는 원고의 내용대로 다시 '오감도'로 고쳐서 내려보냈던 것이다. 이런 일이 두어 차례 반복되고, 그래서 이 사건이 신문사 전체에 화제가 되기도 하였다. 여하튼 이러한 물의가 계속되는 동안 신문사 학예부장 이태준은 사표를 호주머니 안에 늘 넣고 다닐 정도로 위협을 받았다고 한다.

그 이후 이상은 서울에서 다방, 카페 등을 경영하다 실패하고 홀연히 성천成川으로 내려갔다. 그리고 거기에서 한국 현대문학의 걸작 「날개」를 쓰게 된다. 발표 당시부터 대단한 반응을 불러 일으켜 주지주의 평론가 최재서(1908-1964)로부터 '고도로 발달된 지적 생활에서 솟아난 필지必至의 소산이며 그의 예술적 실험은 그의 기막힌 생활이 갖추고 나설 표현 형식을 탐구하는 노력의 결과'라는 극찬을 듣게 된다. 이상은 '박제가 되어 버린 천재', '천재에의 비상飛翔'을 꿈꾸며, 폐결핵의 객혈喀血과 함께 자신의 죽음을 예감하며 1936년 일본 동경으로 떠난다.

아무도 의지할 곳 없는 동경의 어두운 방에서 그는 마지막 남은 생명을 사르듯이 무수한 작품을 써낸다. 「종생기」, 「권태」, 「슬픈 이야기」, 「실낙원」, 「환시기幻視記」 등 폐결핵 3기의 몸 상태로는 도저히 감당하기 어려운 많은 양의 작품을 그는 치열한 정신으로 버티며 써 내려간다.

마침내 묘비명墓碑銘까지 '일세의 귀재'라고 작성하며 예술에의 만만한 자존심을 세상에 보이면서, 그러나 그는 한 사람의 행려병자行旅病者로 쓸쓸히 이국의 하늘 아래서 죽어간다. 이렇듯 생명의 막다른 골목에서까지 치열한 열정으로 정신의 반추를 거듭한 1930년대의 불우한 천재 시인, 그가 바로 이상李箱인 것이다.

이러한 이상의 생애와 작품은 박인환을 흥분과 환상의 열기로 몰아가게 했고, 그는 이상의 천재성과 시인 정신에 깊이 경도되었다.

얼마만큼 그가 이상을 좋아했는가는, 박인환이 세상을 떠나기 3일 전에 이상을 위해서 술을 먹자고 별렀으며, 또 이상의 이야기가 어느 문학잡지에 나던 날, 이상의 정부情婦 마유미(이는 실재 인물이 아니라 작중 인물이다.)를 위해 술을 마시자고 막무가내로 이봉구를 끌고 갔다는 이야기를 들어 봐도 우리는 짐작할 수 있다. 마유미가 서울역 광장에서 했다는, 소설 속의 '리상 … 사비시이네…'를 연발하며, "마유미가 아직도 살아 있을까?", "배를 타고 일본에 들르게 되면 빠를 돌아다니면서 마유미를 찾아야지.", "멋진, 그리고 사십 대의 여급이 있으면 이상의 이야기를 하며 물어보면 되지." 하며, 이상을 생각하며 술을 마셨다는 이봉구李鳳九의 회상을 들어 보아도, 그가 얼마만큼 이상을 좋아했는가를 쉽게 알 수 있다.

그러면 박인환은 이상의 어느 면을 그토록 좋아했는가? 이는 먼저 이상의 천재성 때문이라고 생각된다. 그런가 하면, 요절함으로 해서 더욱 그 천재의 빛을 발하게 된 그의 생애를 그는 좋아했던 것으로 생각된다. 박인환도 항시 일본의 요절한 천재 문인

아쿠타가와芥川 이야기를 하며, 자신을 아쿠타가와에게 견주었다고 한다. 그것은 이상에게도 마찬가지였다. 예술적 성취를 위해 늘 새로운 경지를 향해 달릴 수 있어야 하는데, 길이 막혀 버린 상태가 왔을 때는 고민을 하다 이내 자살까지를 초래한다고 설명하며, 아쿠타가와도 결국 이러한 현상으로 자살을 했다고 하며 늘 그의 처지를 이야기했다고 한다. 자신을 자살이라는 극한의 상황에까지 몰고 갈 수 있는 이상의 천재 의식이야말로 박인환이 이상을 좋아한 가장 두드러진 이유이다.

이와 함께 이상이 지닌 정신의 초월성, 또는 예술가로서의 지대한 오만 등은 박인환을 충분히 매료시킬 수 있는 또 다른 요소가 된다.

> 무한한 수면
> 반역과 영광
> 임종의 눈물을 흘리며 결코
> 당신은 하나의 증명을 갖고 있었다.
> '李箱이상'이라고
>
> —「죽은 아포롱에게」 부분

죽음을 암시하고 있는 '무한한 수면', 그런가 하면 현대라는 모순 넘치는 시대에 대한 '반역' 같은 정신, 그로부터 얻게 된 그의 문학적 '영광', 바로 이것이 이상의 모습이며, 그가 죽은 뒤에도 그를 스스로 확인시켜 줄 수 있는 '증명'이라고 박인환은 노래하고 있다. 박인환은 이렇듯 이상과 같은, 세상을 향한 반항 정신과 이에 따르는 문학적 영광을 열망하고 있었는지도 모른다. 그러므로 그는 동경의 하늘 아래서 쓸쓸히 죽어간 이상을 위해 그가 죽은 3월 17일(사실 이상은 4월 17일에 죽었다. 그런데 많은 사람들이 잘못 알고 3월 17일을 기일忌日로 생각한 듯하다.) 3시 25분을 기해 술을 들자고 한다.(이 시간도 잘못 알고 있었던 시간으로, 이상이 죽은 시간은 새벽이다.)

그리하여 〈동방싸롱〉 앞 〈왕관〉이라는 술집에서 박인환, 이진섭, 천경자, 변호진 등이 모여 이상을 위해 술잔을 들게 되었다. 이봉구의 회고담을 보면, 첫 잔은 이상을 위하여, 둘째 잔은 이상의 애인 마유미를 위하여, 셋째 잔은 명동의 고독과 상송의 앞날을 위해 들었다고 한다.

박인환이 자기 자신을 아쿠타가와의 천재성에 비견했듯이, 그가 이상을 좋아했던 것도 이상이 지닌 천재성, 귀재鬼才의 모습 때문이었다. 박인환은 이상과 대략 20년 가까운 연령 차이가 난다. 이러한 연령 차이에도 불구하고 그들이 성장하고 교육을 받은 시기는 모두 일제라는 혹독한 시기였다는 공통점이 있다. 그런가 하면 이상이나 박인환이 지향하던 문학적 세계는 극히 서구적이라고 할 수 있는 모더니즘의 세계였다. 또한 일신의 안일을 추구하기보다 문학적 탐색과 성취를 추구한 점이나, 이상의 천재 운운과 박인환의 선두의식도 일정 정도 이상의 접합점이 있다.

비록 박인환의 사후死後에나 가능한 이야기가 됐지만, 두 사람 모두 아주 젊은 나이에 요절을 했다는 공통점도 또한 지니고 있다.

흔히 사람들은 자신과 유사類似한 면모나 정신세계를 지닌 사람을 만나면 대체로 두 가지 대별되는 반응을 보인다. 자신과 닮은 그 상대를 특별히 혐오하는 반응과, 그와 정반대로 그에 대해 커다란 호감을 나타내는 반응이 그것이다. 대체로 전자는 자신에 대한 혐오나 자기비하自己卑下가 많은 사람들이 될 것이다. 반면에 후자는 자신에 대한 자신감과 함께 보다 적극적인 삶의 자세를 지닌 사람들인 경우가 많다. 박인환은 자신에 대하여 긍정적이며 자신감이 넘치는 사람이다. 그러므로 자신과 조금이라도 유사한 면을 지닌, 그래서 자신의 정신과 서로 통할 수 있다고 생각되는 이상을 그토록 그가 좋아할 수 있었던 것이 아닌가 생각된다.

그러나 박인환이 이상을 좋아할 수 있었던 것은 다만 자신과의 동일성 내지는 동질성 때문만은 아니다. 오히려 자신이 지니지 못한 다른 면모를 볼 수 있었기 때문이라고 생각된다. 동시에 이상의 여러 면모로 볼 때 자신과의 정신적 교류를 넘어서 자신의 성취를 견인해 줄 수도 있다고 생각했기 때문이다. 즉 자아의 자유를 위해 현실적인 조건을 포기할 수 있었던 이상의 보다 자유로운 정신은 박인환에게는 사실 거의 없었던 모습이었다.

이상은 객혈이 시작되었을 때 폐결핵 요양을 위해 배천 온천으로 떠난다. 그러나 그곳에서 이상은 요양은커녕 사흘도 못 돼서 여관 주인을 앞세우고 장고 소리 요란한 색주가色酒家를 찾아간 다. 그는 그곳에서 스물한 살 난 금홍이란 기생을 만나 곧 살림을 차린다. 그러나 그는 실제로 성생활을 할 수 없을 정도로 폐결핵 이 깊었다. 이때에 이상은 자신의 처나 다름없는 금홍을 자신의 절친한 친구들과 통정하도록 한다.

　이러한 이상의 비정상적인 행동에 대하여 김승희(1952-현재)는 「이상평전李箱評傳」에서, 르네 지다르의 '욕망의 삼각형' 구조를 적용하여 한 여인을 사랑하기 위해 자신이 만든 중개자의 욕망이 개입되어야 하며, 중개자에 대한 질투나 선망 그리고 무력한 증오 에 끊임없이 시달리며, 그 중개자와 대결 의식을 가짐으로써 스스 로 승리하고 싶은 충동에서 기인한 행동이라고 설명하고 있다.

　여하튼 욕망의 삼각형에 의한 분석이나 그 전의 일반적인 견 해처럼, 자신의 병약함으로 인한 연민과 너그러움에 의한 포기라 는 '착한 해석' 등을 모두 망라해서, 이는 이상심리異常心理의 한 형태이며, 현상적으로는 자신이 처해 있는 현실에 대한 구체적인 포기임에도 틀림이 없다. 또한 이런 점이 이상의 남다른 모습이 기도 하다. 이러한 모습은 정상적인 사람으로서는 할 수 없는 행 위이다.

　그러므로 일상日常에 있어서 정상적인 삶의 틀을 벗어나지 않 았던 박인환에게는 도저히 찾아볼 수 없는 일이다. 그러나 바탕 이 자유분방한 기질을 가진 박인환으로서는 이상의 이러한 이상 심리異常心理에 따른 행동은 추악함을 넘어서 호감을 가져다주는 요인이 될 수도 있었던 것이다. 우리가 흑인 혼혈의 정부情婦 잔 뒤발을 사랑할 수 있었던 보들레르(Charles P.Baudelaire, 1821-1867)의 정신을 사랑하듯이.

이러한 심리는 자신에게 부족한 면모를 자신과 유사한 사람을 통해 보상받고자 하는 일종의 자기 보상自己補償의 심리이기도 하다. 한 작가가 자신에게 현실적으로 충당되지 못하는 부분을 작품 속에서 성취시킴으로써 얻게 되는 사회적 자기 보상의 심리와도 같은 것이다. 구애되지 않는 불기반不羈絆을 생명으로 하는 시인이, 자신이 처해진 현실적인 여건으로 항시 자신의 자유스러움을 구가하지 못하게 되고, 그로 인하여 빚어지는 갈등, 자신에 대한 혐오 등을 이상이라는 한 정신적 동반자同伴者를 통해 스스로 보상받고자 했던 것이다.

이상의 자유스러운 자기 포기, 그로부터 획득하게 되는 현실을 뛰어넘는 강렬한 정신의 섬광. 이런 것이 현실적으로 불가능했던 박인환은 모든 것들이 잠든 새벽에 오성悟性에의 눈을 뜨고, '가엾은 곤충昆蟲'이 되어 도시의 한가운데에서 울고 있는 자신의 모습을 참담하게 발견하기도 하는 것이다.

> 장미는 강가에 핀 나의 이름
> 집 집 굴뚝에서 솟아나는 文明문명의 안개
> 〈詩人시인〉 가엾은 昆蟲곤충이여
> 너의 울음이 도시에 들린다.

오래도록 네 慾望욕망은 사라진 繪畵회화

무성한 雜草園잡초원에서

幻影환영과 愛情애정과 비벼대던

그 年代연대의 이름도

虛妄허망한 어젯밤 버러지.

사랑은 彫刻조각에 나타난 追憶추억

泥濘이녕과 작별의 旅路여로에서

기대었던 樹木수목은 썩어지고

電信전신처럼 가벼웁고 재빠른

불안한 속력은 어데서 오나.

沈默침묵의 공포와 눈짓하던

그 무렵의 나의 운명은

奇蹟기적인

東洋동양의 하늘을 헤매고 있다.

-「奇蹟기적인 現代현대」전문

    도시라는 인위적人爲的이며 도식적圖試的인 곳에서 들을 수 있는 곤충의 울음소리, 그 울음소리처럼 왜소해진 자신의 모습을 스스로 목도하게 되는 시인 박인환. 그러므로 그의 눈에는 '환영

幻影과 애정愛情과 비벼대던' 그 시대의 이름조차 '허망한 어젯밤'의 '버러지'와 같이 하찮은 사실로 보이게 되고, '침묵의 공포와 눈짓하던' 시인의 어쩔 수 없는 운명은 '동양의 하늘'만을 덧없이 떠돌게 되는 것이다.

1930년대, 메아리 없는 이역의 하늘만을 떠돌던 이상李箱, 그를 위하여 1950년대라는 비좁은 식탁에 앉아 '건배'를 외치며 젊은 모더니즘 시인 박인환은 술을 마시는 것이다.

3. 복잡으로부터 단순을

박인환이 죽음을 강렬하게 경험하게 된 것은 6·25 사변 동안이었다. 이때는 누구나 다 그렇겠지만, 사람들은 수없이 많은 죽음을 보았고, 또 수없이 많은 죽음의 순간을 넘겼다. 이렇듯 전장戰場에서는 많은 죽음을 보게 되고 가까운 곳에서 죽음을 경험함으로써, 결국 전쟁이란 매우 역설적으로 새롭게 삶을 인식하는 눈을 뜨게 해 주기도 한다.

문득 자신의 주위를 돌아보니 가장 가까운 사람이 하나의 싸늘한 주검이 되어 있었다면, 그러므로 그 사람은 이 세상 어디에고 존재하고 있지 않다는 자각自覺을 하게 된다면, 우리는 삶에 대하여 새삼스럽게 회의하게 되고, 그로부터 짙은 허무의 늪을 딛듯 충격을 받게 될 것이다. 그런가 하면, 바로 이런 순간에 다시금 새롭게 존재의 가치를 인식하게 된다. 즉 우리에게 늘 낯설게만 느껴지던 '죽음'이 바로 우리의 곁에 도사리고 있다는 사실을 자각하고, 삶을 새롭게 바라보게 된다. 그러므로 "죽음이 있으므로 해서 더욱 삶을 명확하게 인식할 수 있다."는 역설도 바로 이런 시대에는 절실한 명제로 다가온다. 이것은 전쟁이 있으므로 평화를 더욱 절감할 수 있다는 이야기와 같은 이야기이다.

민족의 비극인 6·25는 전쟁을 겪은 많은 시인들에게 '존재에의 새로운 인식'을 갖게 해 주었다. 우리에게 너무나도 잘 알려진 다음과 같은 김춘수(金春洙, 1922-2004)의 「꽃」은 궁극적으로 존재에 대한 새로운 인식을 바탕으로 쓰여진 전후戰後의 대표적인 시이다.

내가 그의 이름을 불러 주기 전에는
그는 다만
하나의 몸짓에 지나지 않았다.
내가 그의 이름을 불러 주었을 때
그는 나에게로 와서
꽃이 되었다.
내가 그의 이름을 불러 준 것처럼
나의 이 빛깔과 香氣향기에 알맞는
누가 나의 이름을 불러 다오
그에게로 가서 나도

그의 꽃이 되고 싶다.

우리들은 모두
무엇이 되고 싶다.
너는 나에게 나는 너에게
잊혀지지 않는 하나의 意味의미가 되고 싶다.

― 김춘수의 「꽃」 전문

이 시는 존재에 대한 명명命名을 노래한 작품이다. 들판에 핀 꽃은 어떤 의미에서 다만 하나의 몸짓에 지나지 않는다. 인식 능력을 가진 사람이 꽃으로 볼 때 비로소 그것은 꽃이 되는 것이다. 마치 신神이 사물에 명명命名을 해 주듯, '이것이 꽃이구나!' 하고 의식을 가진 눈으로 볼 때 우리는 그것을 비로소 꽃으로 인식할 수 있다. 그러므로 시인은 '내가 그의 이름을 불러 주기 전에는 그는 다만 하나의 몸짓에 지나지 않았다'고 노래하게 된다. 하이데거의 지적처럼, '이름을 붙이는 가운데 존재하는 것이라고 인식하기에 이른다'는 존재론存在論을 우리는 이 시를 통하여 읽을 수 있다.

이렇게 존재에 대한 인식이 우리 한국시에 깔리게 되는 데는 전쟁 상황 속에서 너무도 일상 가까이에 다가와 흔해진 '죽음'이 이들의 경험 속으로 들어오기 시작한 이후라고 한다. 이처럼 전쟁은 많은 젊은이들에게 사물과 삶을 새롭게 인식하게 하는, 매우 의미 있는 사건이 아닐 수 없다.

　이러한 전쟁의 격동 속에서 박인환이 인식하게 된 죽음은 어떠한 것인가? 그가 인식한 죽음은 곧 그가 지니고 있는 삶에 대한 인식이 되기도 한다. 죽음에 대한 인식은 그 역逆의 방향에서 삶에 대한 모습을 제시提示하는 것이기도 하기 때문이다.

>　二十歲이십세의 海兵隊해병대 中尉중위는
>　담배를 피우듯이
>　태연한 작별을 했다.
>　그가 西部戰線서부전선 無名무명의 계곡에서
>　複雜복잡으로부터
>　單純단순을 指向지향하던 날
>　운명의 부질함과
>　生命과 그 愛情애정을 위하여
>　나는 異端이단의 술을 마셨다.
>
>　　　　　　　　　　－「어떠한 날까지」 부분

　'이중위李中尉의 만가輓歌를 대신하여'라는 부제를 달고 있는 이 시는, 서부전선 이름 없는 계곡에서 산화散華한 해병대 중위의 장렬한 죽음을 노래한 시이다. 그런가 하면, 이 시의 마지막 '싸움과 단절斷絕의 들판에서 나는 홀로 이단異端의 존재처럼 떨고 있음을 투시한다'라는 구절에서 암시하고 있듯이, 전쟁 속에서 죽어가고 있는 병사들의 대열에 동참하지 못함을 스스로 부끄러워하고 있는 시인의 내면을 노래한 시이기도 하다.

이 시에서 우리는 시인 박인환이 인식하고 있는 '죽음'을 쉽게 발견할 수 있다. 즉 그가 인식한 죽음은 '복잡'을 지양한 '단순單純'이었던 것이다. 생애의 번잡하고 다단多端한 사연들이 죽음이라는 하나의 사태로 귀일歸一하여 한 사람이 생명이 떠난 시신屍身으로 남을 때, 이는 생의 복잡함을 모두 종결짓는 '단순함' 그 자체라는 것이다. 때문에 박인환은 죽음을 단순으로 인식한 듯하다. 삶이란 어느 의미에서 여러 가지들이 얽히고설킨 '복잡' 그것이기 때문이다.

이러한 죽음에 대한 인식은 그의 또 다른 시에서도 발견할 수 있다. '수색대장 K 중위는 신호탄을 울리며 적병敵兵 30명과 함께 죽었다. 1951년 1월'이라는 부제와 함께 쓰인 시 「신호탄」에 이런 구절이 있다.

> 危機위기와 영광을 告고할 때
> 信號彈신호탄은 터진다.
> 바람과 함께 살던 幼年유년도
> 떠나간 행복의 시간도
> 무거운 複雜복잡에서
> 더욱 단순으로 醇化순화하여 버린다.
>
> —「신호탄」 부분

이렇게 시작되는 시에서 박인환은 앞서와 마찬가지로 K 중위의 장렬한 전사를 '무거운 복잡에서 더욱 단순으로 순화醇化하여 버린다'라고 노래한다. 즉 '바람과 함께 살던 유년幼年'이나, '떠나간 행복의 시간'도 궁극에 있어서는 '무거운 복잡'이라는 삶의 일부분이다. 그런가 하면 죽음은 이러한 모든 것을 벗어 버린 '단순'이었던 것이다.

그러면 삶의 속성인 '복잡'은 어떠한 것인가? 이는 인간이 지닌 멍에인가? 위의 시는 다음과 같이 대답한다.

> 옛날 植民地식민지의 아들로
> 검은 땅덩어리를 밟고
> 그는 주검을 피해
> 太陽태양 없는 처마 끝을 걸었다.
> 어두운 밤이여
> 마지막 作別작별의 노래를
> 그 무엇으로 표현하였는가.
> 슬픈 인간의 類型유형을 벗어나
> 참다운 해방을
> 그는 무엇으로 信號신호하였는가.
>
> ―「신호탄」 부분

박인환이 인식하는 '삶'은 하나의 '태양 없는 처마'의 끝 같은 것이다. 그 무렵 모든 젊은이들은 '식민지의 아들'로 이 땅에 태어났다. 그러므로 이들이 밟게 되는 땅은 '검은 덩어리'였으며, 동시에 이들이 열어가야 할 삶 역시 '주검을 피해' 견뎌야 하는 '태양 없는 처마 끝'이었던 것이다. 더구나 이민족의 통치에서 벗어났음에도 다시 동족의 가슴에 총부리를 들이대고 서로의 목숨을 뺏고 빼앗는 처절한 비극의 현장에서 가질 수밖에 없는 삶의 의미에 대한 의문은 실마리가 없는 '난마' 그 자체였던 것이다.

이러한 역사적 상황에서 볼 때, 삶의 속성인 '복잡'은 말 그대로 복잡한 어려움이요, 죽음은 하나의 순화醇化라는 결론을 우리는 얻을 수 있다. 우리는 이러한 결론을 보다 명쾌하게 뒷받침해 주는 시 구절들을 그의 시 여러 곳에서 찾을 수 있다. 즉 '슬픈 인간의 유형類型을 벗어나 참다운 해방을' 같은 부분들이 그것이다. 복잡으로 표현되는 삶은 하나의 '슬픈 인간의 유형'이며, 단순으로 이야기되는 죽음은 이를 '벗어난 참다운 해방'이 된다.

그러면 박인환이 인식하고 있는 복잡, 슬픈 인간의 유형 등은 어디에서 유래하는 것인가? 이는 이 시인이 인식하고 있는 현실에서부터 빚어진 것이라고 보겠다. 일제 식민지라는 어두운 시대, 그런가 하면 동족상잔이라는 6·25의 비극, 이러한 현실은 그로 하여금 삶을 가장 어두운 부분으로 인식하게 한 중요 요인이 된다. 아울러 이러한 삶을 벗어나는 죽음을 '단순' 또는 '참다운 해방'이라고 찬양하기까지 이른다.

박인환은 죽음 예찬론자였는가? 물론 그렇지 않다. 죽음에 대한 인식을 '슬픈 인간의 유형을 벗어난 참다운 해방'이라고 했어도 그는 결코 죽음 예찬론자는 아니다. 오히려 이러한 시 구절에는 죽음에 대한 슬픔이 강하게 배어 있음을 우리는 볼 수 있다.

어느 날 역전에서 들려오는
軍隊군대의 合唱합창을 귀에 받으며
우리는 죽으러 가는 者자와는
반대 방향의 列車열차에 앉아
情欲정욕처럼 疲弊피폐한 소설에 눈을 흘겼다.

지금 바람처럼 交叉교차하는 地帶지대
거기엔 일체의 不純불순한 욕망이 反射반사되고
농부의 아들은 표정도 없이
爆音폭음과 硝煙초연이 가득 찬
生생과 死사의 境地경지에 떠난다.

달은 靜寞정막보다도 더욱 처량하다.
멀리 우리의 視線시선을 집중한
인간의 피로 이루운
자유의 城砦성채
그것은 우리와 같이 退却퇴각하는 者자와는 관련이 없었다.

-「검은 江강」부분

피난의 대열에 끼어 안전지대를 향해 떠나는 시인은 죽음과 동의어 같은 전장戰場을 향해 떠나고 있는 젊은 군인들을 보게 된다. 이는 바로 삶과 죽음이 교차交叉하는 지역으로 박인환에게 인식되고 있었던 것이다. 이러한 교차점에서 삶을 향해 떠나야 하는 인간의 순수함, 시인의 갈등 등이 이처럼 여실히 나타나고 있는 것이다. 그러므로 '달은 정막靜寞보다도 더욱 처량하게' 보이는 것이다. 진정 박인환이 인식하고 있는 죽음은 '해방'이 아니라 슬픔이었다는 사실을 우리는 이 시를 통하여 여실히 볼 수 있다.

그러면 박인환은 죽음을 왜 '단순'으로, '슬픈 인간의 유형을 벗어난 참다운 해방'으로 노래하고 있는가? 이는 먼저 자신이 처해 있는 시대의 아픔과 불안, 이로부터 빚어지는 허무에서부터 연유한다고 보겠다. 그런가 하면, 죽음이 몰아오는 공포를 초극超克하기 위한 노력에 의해서 빚어진 것들이 아닌가 생각된다. 그도 인간이었기 때문에 삶의 무거움을 절감하고 있으면서도 또한 죽음의 슬픔을 충분히 감지感知하고 있었던 것이다.

복잡에서 단순으로 나아가는, 그러므로 모든 인간적 슬픔을 벗어 버리는 참다운 해방이지만, 죽음은 결국 슬픈 것이요, 유한有限의 존재인 모든 인간에게 어쩔 수 없이 다가오는 슬픔의 그림자인 것이다.

4. 죽음의 서장序章

　모든 살아 있는 생명 중에 언젠가는 죽음이 자신에게 찾아온다는 사실을 알고 있는 생물은 인간뿐이다. 다른 생물들은 자신이 언젠가는 죽게 될 것이라는 것을 미리 의식하지 못한다. '죽음'을 대자적으로 인식할 수 있으므로, 인간은 스스로 유한有限한 존재임을 깨닫게 되고, 유한함으로부터 탈피하려는 노력을 하게 된다. 그러나 육체적인 무한無限의 불가능을 선험적으로 알고 있는 인간들은 정신적인 무한, 종교적으로 이야기한다면 영적인 영생永生을 생각하게 된다.

　인간이 '죽음'이라는 문제를 생각할 때 가장 먼저 만나게 되는 것은 바로 '공포'다. 생명을 가진 존재로서 그 누구도 죽음의 공포를 갖지 않는 자는 없을 것이다. 그러므로 인간은 그 공포로부터 탈출하려고, 때로는 그 공포를 극기克己하려고 명상과 종교적 사유를 하게 된다.

　조선조朝鮮朝 선유先儒의 한 사람인 화담花潭 서경덕(徐敬德, 1489-1546)은 그의 높은 도학道學으로 죽음의 경지를 깨닫고, 죽음마저도 초연히 맞이할 수 있었다고 한다. 그의 생각은 곧 유교적인 해석과도 대동소이하다. 그는 원래 유학자이기 때문이기도 하다. 즉 화담은 사람의 생명을 이루는 것은 곧 기氣라고 생각하였다. 그 기가 모이면聚氣취기 곧 생명이 이룩되는 것이요, 생명이 끊어져 죽었다는 것은 곧 기가 흩어지는 것散氣산기이라고 보았다.

그런데 죽는다는 것은 원래 저 창창히 흩어진 그 원기元氣 속으로 흩어지는 것이기 때문에 아무런 공포도 느낄 필요가 없다는 이야기이다. 그러나 이러한 높은 경지에 이른 사람을 제외하고는 누구나 죽음에 대한 공포심을 지니게 마련이다. 그러므로 죽음에의 공포는 '인류'의 탄생과 더불어 있어 왔으며, 인류가 존재하는 한 영원히 겪어야 할 그러한 것이다.

박인환의 시를 읽으면서, 우리가 가장 자주 만나게 되는 것이 곧 '죽음' 이미지이다. 특히 그의 만년에 쓰여진 작품들에서는 더욱 그렇다. 그러므로 사람들은 그가 죽음을 예감하지 않았는가 하는 추측들을 하기도 한다. 그러나 이는 정말 문자 그대로 추측일 뿐이지 그것을 확인할 길은 없다. 다만 그가 늘 죽음을 의식하고 있었으리라는 생각은 할 수 있다. 악몽惡夢 같은 전쟁, 전쟁에서 목격한 수많은 죽음, 그런가 하면 1950년대에 누구나 겪어야 했던 불안과 허무의 의식, 그에 더하여 박인환이라는 한 개인이 유난히 지니고 있던 어둡고 암담한 현실 의식이 늘 그에게 죽음이라는 그림자를 따라다니게 했는지는 모른다.

박인환의 대표작으로 이야기되고 있는 「목마와 숙녀」도 결국은 '떠난다'는, 죽음에 대한 의식이 강하게 그 배면에 깔려 있는 시이다. 또 그의 시 「미스터 모某의 생生과 사死」는 죽음이라는 문제가 가장 직접적으로 표현된 작품이다. 그러므로 많은 사람들이 그의 죽음과 흔히 연관을 맺어 보는 작품이기도 하다.

입술에 피를 바르고

미스터 某모는 죽는다.

어두운 標本室표본실에서

그의 生存時생존시의 기억은

미스터 某모의 여행을

기다리고 있었다.

 이렇게 시작되는 이 시는 죽음을 하나의 머나먼 '여행'으로 이야기하고 있다. 더구나 '어두운 표본실'과 같은 이 지상에서 이내 떠나야 하는 머나먼 여행이라는 것이다. 죽음은 정말 그의 표현과 같이 돌아올 수 없을 만큼 먼 곳으로의 '여행'인지도 모른다.

원인도 없이

유산은 더욱 없이

미스터 某모는 생생과 작별하는 것이다.

日常일상이 그러한 것과 같이

주검은 親友친우와도 같이

다정스러웠다.

 어떠한 원인도 없이, 더구나 남겨 놓을 '유산遺産'도 없이, 미스터 모某는 가장 쓸쓸히 삶이라는 현존의 시간과 작별을 하는 것이라고 시인은 노래한다. 그러므로 친구와의 작별처럼 다정스럽게 맞이할 수 있음을 노래하고 있다. 이러한 태도는 자기 포기로부터 오는 가장 자유로운 자기 해방自己解放의 자세라고 생각된다.

쇼펜하우어(Arthur Schopenhauer, 1788-1860)에 따르면, 유한有限하고 경험적인 자아는 생애 내내 고통받으면서 그것을 극복하려고 노력하며 살도록 운명 지워진 존재라고 한다. 그러므로 고통을 받는다거나 유한한 존재로서 죽음의 공포에 시달리는 것 자체가 '존재'의 자기 확인 과정이며, 살아 있다는 표현이다. 그런데 이러한 상태를 모두 벗어 버리고 '죽음을 친구와 같이 다정스럽게' 맞이할 수 있다는 것은, 가장 순수한 무의지無意志의 상태가 아니면 가장 처절한 자기 포기의 상태이다. 이 시에서의 상태는 순수한 무의지, 무관심의 모습이 아닌 자기 포기의 성향을 더 많이 띠고 있다.

> 미스터 某모의 生생과 死사는
> 신문이나 잡지의 對象대상이 못 된다.
> 오직 유식한 醫學徒의학도의
> 一片일편의 素材소재로서
> 解剖해부의 臺대에 그 餘韻여운을 남긴다.

이 연련聯은 죽은 후에 남겨질 미스터 모某의 명성에 관한 부분이다. 즉 죽은 후의 미스터 모는 아무런 정신적인 유산遺産도 없이, 다만 육체라는 한 '물체'를 세상에 남겨 두게 된다는 이야기이다. 그러므로 그의 죽음을 위하여 '신문이나 잡지'는 아무런 뉴스도 싣지 않을 것이고, 오직 하나의 주검만이 덩그러니 남아 의학적인 연구·실험의 대상이 될 것이라고 처절히 노래하고 있다.

이렇듯 사람들은 때때로 가장 쓸쓸한 죽음을 생각하게 된다. 그러므로 사후死後의 모습을 생각하고, 살아 있음에 대하여 더욱 강렬한 허무를 느끼게 되기도 한다. 아마도 인간은 이러한 허무를 극복하기 위하여 종교에 귀의歸依하는지도 모른다.

> 무수한 燭光촉광 아래
> 傷痕상흔은 확대되고
> 미스터 某모는 죄가 많았다.
> 그의 淸純청순한 아내
> 지금 행복은 의식의 중간을 흐르고 있다.
>
> 결코
> 平凡평범한 그의 죽음을 비극이라 부를 수 없었다.
> 산산이 찢어진 불행과
> 결합된 生생과 死사와
> 이러한 고독의 존립을 피하며

미스터 某모는

영원히 미소하는 心象심상을

손쉽게 잡을 수가 있었다.

'상흔傷痕'으로 상징되는 부끄러운 생애에 대하여 시인은 참회의 시간을 갖는다. 그러므로 스스로 '죄가 많다'고 술회하고, 그의 청순한 아내와 행복했던 생애의 시간을 생각한다.

사람은 본질적으로 자신의 생애에 대하여 '부끄럽다'는 생각을 하는 것이 일반적이다. 그 부끄러움의 유형이 서로 다를 뿐이지, 가장 절박한 시간에 서게 되면 자신의 생을 돌아보고 자신의 부족했던 부분들을 가장 먼저 떠올리게 된다. 그러므로 '비극이라고 부를 수도 없는 죽음'을, '영원히 미소하는 심상心象'을 그는 늘 마음 한구석에 마련하고 있었는지도 모른다. 언제나 죽음을 가까이 느끼며 생애를 영위하고 있었다는 말이다.

그러면 박인환은 왜 이러한 시를 쓰게 되었던가. 왜 이러한 시를 쓰지 않으면 안 되었던가. 이것은 아마도 그에게 항시 하나의 깊은 상흔과 같이 남아 있는 불안과 허무 의식 때문이라고 생각된다. 늘 그를 따라다니며 괴롭혔던 불안의 미소는 그를 깊은 허무로 몰아가고, 이러한 시를 쓰게 한 것이 아닌가 생각된다. 그러므로 그의 소위 댄디 정신도 궁극적으로는 그가 지닌 허무 의식의 보다 적극적인 반영이 아니었던가 생각되기도 한다.

이 세상에 누가 스스로 자신이 죽을 시간을 기다리는 사람이 있겠는가? 자살을 하는 사람조차도 그 본래의 심정으로는 죽고 싶지 않다는 생각이 더 강했을 것으로 생각된다. 늘 죽겠다고 외치고 다니던 사람치고 변변히 자살을 시도한 사람은 없었다. 이는 자신의 삶 자체에 대하여 연연해서도 또한 아니다. 다만 죽음이라는, 한 번도 체험하지 못한 미지의 것에 대해 본질적으로 지니고 있는 인간의 두려움, '죽겠다'는 외침 속에 숨어 있는 '살겠다'는 또 다른 목소리, 이러한 것들이 궁극적으로 그의 죽음을 유예시키고 있는지도 모른다.

박인환의 시를 읽으면 죽음에 관한 부분들이 상당수 나오고 있다. 그가 죽음을 거부했든 또는 하나의 운명으로 받아들였든, 분명한 사실은 그가 죽음을 가까이 느끼고 있었다는 한 증거이다.

죽음과 관련되는 시의 구절들을 몇 개 뽑아 나열하면 다음과 같다.

① 아 蒼白창백한 세상과 나의 생애에

終末종말이 오기 전에

— 「세 사람의 가족」에서

② 날개 없는 女神여신이 죽어 버린 아침

나는 暴風폭풍에 싸여

주검의 일요일을 올라간다.

— 「영원한 일요일」에서

③ 울음으로서 죽음을 代置대치하는

　수 없는 樂器악기들은

　고요한 이 溪谷계곡에서 더욱 서럽다.

　　　　　　　　－「回想회상의 긴 溪谷계곡」에서

④ 오늘 나는 모든 욕망과

　事物사물에 作別작별하였습니다.

　그래서 더욱 친한 죽음과 가까워집니다.

　　　　　　　　－「불행한 신」에서

　박인환의 많은 시편들 중 임의로 뽑은 죽음의 시구를 다시 ①, ②, ③, ④ 네 부분으로 나누어 보았다. 대체로 ①은 죽음이라는 종말이 오기 전에 보다 많은 일을 해야겠다는 결의가 담겨 있는 것이고, ②는 '주검의 일요일'이나, '날개 없는 여신女神의 죽음'으로 상징되는 절망을 노래한 것이고, ③은 죽음에 대한 슬픈 기억의 회상이며, ④는 모든 현상적인 것을 포기함으로써 보다 가까이 느껴지는 죽음의 모습에 대한 노래이다. 그러나 보다 엄밀히 검증해 보면 ①, ②, ③ 군群의 죽음에 대한 이미지는 죽음을 이야기했을 뿐이지, 죽음에 대한 적극적인 인식이나 특별히 죽음을 가까이 느끼고 있는 것은 아닌 듯하다. 그렇지만 ④에서 나타나는 죽음은 앞서 있는 다른 시의 이미지와는 다르게 죽음을 보다 가까이 바라보는 시인의 눈을 읽을 수가 있는 구절이다.

또한 위의 ①, ②, ③, ④에 나타나는 시인의 죽음에 대한 태도는 결코 죽음을 기다린다거나 또 죽기를 바라는 것이 아니다. 다만 죽음을 필연적인 것으로 받아들이고 있는 자세만을 엿볼 수 있다.

그러면 이 시인은 어떠한 연유로 삶의 한가운데서 이렇듯 절실히 죽음을 노래하고 있는 것일까? 이는 로마제국 시대의 사상가인 세네카Seneca의 '완벽하게 사는 길은 항상 죽음을 생각하며 사는 것'이라는 역설처럼, 시인의 삶에 대한 의지의 역설인가? 그러나 그의 죽음에 대한 생각이 '완벽하게 살기 위한' 역설은 결코 아닌 듯싶다. 다만 박인환이 처해 있는 현실의 어둠과 또 자주 괴리乖離되는 현실과의 거리, 이로부터 얻게 되는 불안감 등이 그를 죽음이라는 문제와 만나게 한 것으로 생각된다.

이러한 시인 박인환의 모습이 가장 잘 나타난 시로는 「불행不幸한 신神」이 있다.

> 오늘 나는 모든 욕망과
> 事物사물에 作別작별하였습니다.
> 그래서 더욱 친한 죽음과 가까워집니다.
> 과거는 무수한 내일에
> 잠이 들었습니다.
> 불행한 神신
> 어데서나 나와 함께 사는

不幸불행한 神신

당신은 나와 단 둘이서

얼굴을 비벼대고 秘密비밀을 터놓고

誤解오해나

인간의 體驗체험이나

孤絶고절된 의식에

후회하지 않을 것입니다.

또다시 우리는 結束결속되었습니다.

皇帝황제의 臣下신하처럼 우리는 죽음을 약속합니다.

지금 저 廣場광장의 電柱전주처럼 우리는 存在존재됩니다.

쉴 새 없이 내 귀에 울려오는 것은

불행한 神신 당신이 부르시는

폭풍입니다.

그러나 虛妄허망한 天地천지 사이를

내가 있고 엄연히 주검이 가로놓이고

불행한 당신이 있으므로

나는 최후의 안정을 즐깁니다.

— 「불행한 신」 전문

과거에도 그랬고 지금도 자신을 괴롭히는 사실들을 박인환은 '불행한 신神'이라고 부르고 있다. '지금 저 광장의 전주電柱처럼 존재'하고 있는 '나'에게 불행한 신은 쉴 새 없이 불행과 어려움을 불어넣어 준다고 시인은 말한다. 그러나 아무리 커다란 시련과 어려움이 와도, 어김없는 것은 죽음을 향해 가고 있다는 사실이기 때문에 '최후의 안정을 즐길 수 있다'고 시인은 노래한다. '죽음이 있으므로 안정을 할 수 있다'는 것은 무엇을 의미하는가. 서로 모순되는 이 시인의 마지막 고백은 과연 무엇을 뜻하는가. 이는 바로 고난이 없는 자나 고난이 있는 자나 할 것 없이, 그들의 앞에는 죽음이 가로놓여 있다는 사실을 인지認知하고, 죽음 그 자체를 스스로 위안의 대상으로 삼고 있는 것으로 생각된다.

 1950년대의 시련과 고난은 어쩌면 그를, 죽음을 가까이 느끼게 하는 나약한 사람으로 만들었는지 모른다. "시련은 인간을 더욱 강하게 만든다."는 프리드리히 니체(Niezsche, Friedrich Wilhelm, 1844-1900)의 표현도 그에게는 아무 소용 없이 이런 유類의 시를 쓰게 했던 것이다.

 1950년대의 거리에 길고 긴 그림자와 같이 드리웠던 불안과 허무는 자조自嘲처럼 그들을 휘몰아갔다. 그런 점에서 박인환이 늘 죽음을 그의 삶 가까이에 인식했고, 그의 작품에 이렇듯 드러내고 있었다는 것은, 어쩌면 순수한 한 인간으로서의 가장 자연스러운 귀결이 아닐 수 없다.

5. 이 답답함을, 이 답답함을

"인간은 소모품. 그러나 끝까지 정신의 섭렵을 해야지."

이는 우리가 앞에서 본 바와 같이 박인환이 죽기 3일 전 '이상 李箱 추모의 밤'을 가지면서 그의 친구 이진섭에게 써 준 글이다. 이 글에서 주목할 것은, 박인환이 지닌 정신의 한 면모와 함께 스스로 '인생을 소모품'이라고 이야기한 부분이다.

'소모품' 이야기를 한 지 불과 3일 후에 그는 죽고 만다. 박인환은 우리가 생각하는 것만큼 술을 잘 마시지는 못했다. 다만 그의 감격벽이 때때로 과한 술을 마시게 하고, 그를 취하게 했을 뿐이다. 이상李箱 추모 모임은 앞에서 이야기한 바와 같이 3시 25분부터 시작되었다. 이렇듯 이른 시간부터 술을 마시게 된 이들은 여러 술집을 돌며 엉망으로 취하게 되었다. 박인환이 작시作詩한 「세월이 가면」과 이상의 애인이 불렀다는 「글루미 선데이」가 가는 곳마다 터져 나왔고, 술에 엉망이 된 그는 술집에서 굴러떨어지는 실수까지 하게 되었다. 보다 못한 송지영이 그를 집에까지 바래다주어야 했다. 이렇듯 이상을 위해 시작된 술은 다음 날에도 이어졌고, 또 박인환이 죽던 날인 3월 20일에도 계속되었다.

3월 20일, 그는 아침도 안 먹고 거리로 뛰어나왔다. 무엇이 그를 이토록 거리로 내몰았는지는 모른다. 다만 이 격앙된 기분과 아무것도 되지 않는 현실적인 어려움이 그를 이 거리로, 아침도 안 먹고 뛰쳐나오게 한 것으로 추정된다. 이맘때쯤 그의 수입원이라고는 잡지와 신문에 쓰는 원고의 고료뿐이었다. 영화 평론을 비롯해서, 시월평詩月評 등을 그는 잡지에 싣고 있었다. 그러나 그때만 해도 모든 잡지의 사정이 나쁠 때라 이 고료稿料라는 것은 형편이 없었다.

이날도 그는 겨울에 입던 무거운 겨울 외투, 예의 그 깃이 넓은 러시아식 오버코트를 그냥 입고 거리로 나왔다. 아무것도 먹지 않은 속에 술을 마시고, 오후에는 화가 김훈이 사 주는 자장면을 한 그릇 먹었을 뿐이었다. 이렇듯 빈속에 마신 술과, 그가 지닌 생生에의 격정은 그를 문득 불귀不歸의 사람으로 만들어 버린 것이다. 그의 친구들의 말에 의하면 박인환의 사인死因은 잘 하지도 못하는 술을 과하게 며칠씩 마셨고, 아무것도 먹지 못하고 빈속으로 집에 들어갔기 때문에 일으킨 심장마비라고 한다. 이러한 그의 풋술을 이봉구는 다음과 같이 이야기한다.

대폿잔을 들다 말고 뛰어나와 거리에서 서성거리며 화를 내기가 일쑤였다. 스탠드 바에서 봄이면 진 피즈, 가을이면 하이볼, 그리고 조니 워커, 인환은 이런 식으로 술을 마셔야 하는데, 이렇지 못하고 그 값싼 대폿술도 마음대로 안 되니 이거 부끄러워 살맛이 없다고 비통한 표정을 짓기도 하였다.
밤낮 그 멋과 기분 바람에 술타령을 하나, 실은 인환의 술은 풋술이었다.

그는 원래 주호酒豪라기보다는 다만 기분을 내며 술을 마시던 사람이었다. 다만 죽음에 임박했던 시기에 그는 심리적心理的으로 상당히 불안정한 상태였던 것으로 추정된다. 많은 사람들의 기억에 의하면, 박인환은 절대로 화를 내는 사람이 아니었다고 한다. 무슨 일이 있어도 늘 너그럽게 처신했고 먼저 화를 내지는 않았다고 한다. 그러나 그의 만년은 다소 다른 듯하다. 혼자(남에게 화를 내는 것이 아니라) 불끈불끈 화를 냈고, 간간이 못마땅한 표정으로 길거리에 홀로 서 있곤 했다고 한다.

박인환은 자기 자신에게 화를 내고 있었던 것이 분명하다. 아무것도 잘 되는 것은 없고, 현실과 자꾸 괴리乖離되는 자신의 모습, 이러한 것이 그를 화나게 만든 것으로 생각된다. 박인환은 화가 나면 술을 먹다가도 문득 거리로 뛰어나가곤 했다. 그리고 거리에 서서는 혼자 화를 삭이곤 했던 것이다. 화가 다소 풀리면 다시 돌아와 유쾌하게 술을 마셨다. 그는 그렇게 해서라도 유쾌한 삶을 누리고 싶었던 것이다. 그러나 유쾌한 삶과 생활은 그에게서 자꾸 멀어져만 가고, 현실은 절망과 실의失意만을 강요했었다. 문단文壇 생활도 마찬가지였다.

서울로 환도한 1953년 이후 많은 문학 단체들이 발족했다. 1953년 공포된 문화보호법文化保護法에 따라 그해 4월 유례없는 문화인 등록이 실시되었고, 문학분과文學分科에서는 염상섭(1897-1963), 박종화, 김동리, 조연현, 유치환(1908-1967), 서정주(1915-2000), 윤백남(1888-1954) 등 일곱 사람이 예술원藝術院의 초대 회원이 되었다.

그러나 이 예술원 회원에서 소외된 문인들은 이들에게 반발을 하고 두 개의 문학 단체를 결성한다. 1954년 10월에 창립된 한국 펜클럽은 수주樹洲 변영로를 위원장으로 하고, 부위원장에 모윤숙·김팔봉을 선출한다. 이듬해 6월 오스트리아 빈에서 열리는 27차 국제 펜 대회에 변영로·모윤숙·김광섭을 파견, 정식 회원 단체로 가입하게 된다. 이러한 한국 펜클럽과 함께 1955년 4월에는 1930년대에 활동하던 해외문학파海外文學派 문인들이 중심이 되어 자유문학자협회自由文學者協會가 발족된다. 132명이 가입한 창립총회에서 이산怡山 김광섭이 회장으로 추대된다. 이어서 소설가 김이석金利錫을 주간으로 하는 《자유문학》지가 창간되어 회원들의 작품 활동에 활력소가 된다. 이와 비슷한 시기인 1955년 1월 《문학예술》에 이어 《문예》의 체제와 편집진을 인수받은 《현대문학》이 창간되어 《자유문학》과 경쟁을 벌이게 된다.

이 시대는 환도 후 서울에서 한국 현대문학의 정체성 정립을 서두르던 시대로 파악된다. 이러한 문학지 외에 《사상계》를 비롯, 《문화세계》, 《문화춘추》 등 종합지가 속출하여 우리의 문화계를 더욱 알차게 한다.

이 시대에 박인환은 기존의 문협文協에 반발하듯이 발족된 이 자유문협에 자주 나가곤 했다. 그때쯤 자유문협에서는 자유문학상自由文學賞을 제정하여 시인들의 사기를 앙양시키기도 했다. 그러나 상賞이란 항시 미묘한 갈등을 불러일으키는 것이기도 하다.

그래서 그의 작고作故 무렵, 이러한 문단적 여러 변모가 그를 괴롭혔던 것으로 생각되기도 한다. 가난과 잘 풀려 나가지 않는 현실의 괴로움, 그런가 하면 서서히 대립을 빚기 시작하는 문단의 갈등, 이러한 것들이 그를 더욱 자주 화나게 했던 것으로 생각된다.

  그가 세상을 떠나기 사흘 전에 지었다는 「옛날의 사람들에게」란 시는 며칠 후에 있을 자유문협自由文協 주최 '작고 작가 추념제'를 위한 낭독시이다.

    (전략)

    사랑하는 당신들이여
    가난과 고통과 멸시를 무릅쓰면서
    당신들의 싸움은 끝이 났습니다.

    승리가 온 것인지
    패배가 온 것인지
    그것은 오직 미래만이 알며
    남아 있는 우리들은
    못 잊는 이름이기에
    당신들 우리 문화의 선구자들을
    이 한자리에 모셨습니다.

당신들은 살아 있었을 때

불행하였고

당신들은 살아 있었을 때

즐거운 말이 없었고

당신들은 살아 있었을 때

사랑해 주던 사람이 없었습니다.

- 「옛날의 사람들에게」 부분

'작고 작가 추도회의 밤에'라는 부제가 붙은 이 시는 오히려 자신의 혼령이 듣는 시가 되고 말았다. '가난과 고통을 무릅쓰고', 현실적인 '싸움이 끝나' 이제는 유명幽明을 달리하게 된 우리의 시인, 작가들을 위한 시가 결국 자신을 향해 부르던 노래였다는 것이다. 이 유고遺稿가 신문에 발표되었을 때, 이미 그는 이 세상의 사람이 아니었다.

3월 20일, 그가 과음 후 집에 돌아온 시간은 8시 30분이었다. 집에 돌아와서부터 가슴이 답답하다고 자리에 누운 박인환은 가족들에게 생명수를 달라고 소리를 쳤다. 이때 생명수는 보명수, 활명수 등과 같이 드링크제의 약 이름이었다. '가슴이 답답하다', '생명수를 달라' 하고 소리를 치던 그는 문득 음식 찌꺼기를 토해 놓은 뒤에 숨을 거두었다. 이때가 저녁 9시였다.

1956년 3월 20일 오후 9시. 31세라는 젊디젊은 나이로 그는 숨을 거두었던 것이다. 불시의 죽음을 안타까워하듯이 그는 눈을 뜬 채였다고 한다. 사랑하는 가족, 사랑하는 문학, 사랑하는 이 세상의 모든 것을 영원히 바라보기라도 할 듯이 이 답답함을, 이 세상의 답답함을 모두 걸머지고 초봄까지 입었던 무거운 러시아식 오버코트와 같은 그 답답함을 호소하며, 그는 만 30년이 못 되는 짧은 생애의 짐을 벗어 던지고 모든 살아 있는 것들과 작별을 고하였던 것이다.

소식을 듣고 달려온 친우 송지영에 의해서 차마 감지 못한 눈은 쓸어 감겨졌다. 생전에 좋아하던 것을 마음껏 사 주지 못한 것이 한이 된다며 김은성이 조니워커 한 병을 들고 와 그의 식어 버린 입에다 부어 주고 또 자기 입에도 따르며, 마치 대작을 하듯이 마시고 또 따랐다. 소식을 듣고 뛰어온 김광주는 '네가 먼저 가다니 이게 웬일이냐'고 목메어 흐느끼고 있었다.

박인환은 이렇듯 삶이라는 '복잡'으로부터 모든 것을 벗어 버린 싸늘한 시신이 되어 망우리 공동묘지에 묻히게 되었다.

그의 장삿날은 비가 내렸다. 질척이는 봄비가, 그가 세상을 향해 흘리는 눈물과도 같이 내리는 명동을 뒤로 하고, 절친했던 조병화의 조시弔詩와 같이 사랑하는 친구들의 '우정의 배반자'가 되어, '죽음이라는 멀고 쓸쓸한' 길을 떠나게 되었다. 그의 일기 만 29세 7개월이라는 생애를 이 세상에 남기고….

연보

1926년(1세) : 8월 15일, 강원도 인제군 인제면 상동리 159번지에서 아버지 박광선朴光善과 어머니 함숙형咸淑亨 사이의 4남 2녀 중 맏이로 출생. 본관은 밀양.

1933년(8세) : 인제 공립보통학교에 입학.

1936년(11세) : 서울로 이사. 종로구 내수동에서 잠시 거주하다가 종로구 원서동 134번지로 이사. 덕수 공립보통학교 4학년 편입.

1939년(14세) : 3월 18일, 덕수 공립소학교 졸업. 석차는 66명 중 7등. 개근상 우등상을 받았으며 학교장의 소견은 '최적最適'으로 되어 있음.
4월 2일, 경기 공립중학교에 입학. 중학생 시절부터 시와 영화에 관심을 두고, 관련 책을 사들이기 시작.

1940년(15세) : 원서동 215번지로 이사함.

1941년(16세) : 3월 16일 자로 경기 공립중학교에서 자퇴. 한성학교漢城學校 야학을 다니다.

1942년(17세) : 황해도 재령의 명신중학교에 4학년으로 편입.

1944년(19세) : 명신중학교를 졸업하고 관립 평양의학전문학교(3년제)에 입학.

1945년(20세) : 광복 후 학교를 중단하고 상경. 종로 3가 2번지 낙원동 입구에 〈마리서사〉라는 서점을 개업.

1946년(21세) : 조선문학가협회 시부가 주최한 〈예술가의 밤〉
에 참가하여 낭독하고, 낭독시집인 《순수시선》
6월 20일에 「단층」을 발표함으로, 본격적인 시
인으로 활동하다. 『박인환 시선집』에는 「불행
한 샨송」이라는 제목으로 게재되었다. 12월, 〈국
제신보〉에 「거리」라는 작품을 발표함으로써 보
다 활발하게 활동함.
1948년(23세) : 입춘을 전후하여 〈마리서사〉를 폐업.
김경린, 양병식, 김수영, 임호권, 김병욱 등과 함
께 동인지 『신시론新詩論』 제1집을 발간.
한 살 아래의 이정숙李丁淑과 덕수궁에서 결혼
식을 올리고, 이후 종로구 세종로 135번지에서
기거.
자유신문사에 입사하다.
12월 8일, 장남 세형 출생.
시 「나의 생애에 흐르는 시간들」(《世界日報》),
「지하실」(《民聲》), 산문 「아메리카의 영화 시론
(詩論)」(《新天地》 1월), 시 「인도네시아 인민人民에
게 주는 시」(《新天地》 5월), 산문 「사르트르와 실
존주의」(《新天地》 10월) 등을 발표.

연보 · 261

1949년(24세) : 김경린, 김수영, 임호권, 양병식 등과 5인 합동
시집 『새로운 도시와 시민들의 합창』을 발간.
이 시집에 시 「열차」, 「지하실」 등 5편을 발표.
4월, 《민성》지에 시 「정신의 행방을 찾아」를 발표.
경향신문사에 입사.
동인 그룹 '후반기'를 발족시킴.
1950년(25세) : 6·25 발발. 피난을 가지 못하고 9·28 수복 때까
지 지하 생활.
9월 25일, 딸 세화 출생.
12월 8일, 가족과 함께 대구로 피난.
1951년(26세) : 경향신문사 본사가 있는 부산과 대구를 왕래.
종군기자로 활동.
가을에 부산으로 이주.
「신호탄」, 「고향에 가서」, 「문제 되는 것」, 「벽」
등을 쓰다.
1952년(27세) : 《주간국제》의 '후반기 문예 특집'에 「현대시의
불행한 단면」이라는 산문을 기고(6월 16일).
경향신문사를 그만두고 대한해운공사에 취직하
다.
「살아 있는 것이 있다면」, 「어떠한 날까지」, 「부
드러운 목소리로 이야기할 때」 등을 쓰다.

1953년(28세) : 5월 31일, 차남 세곤 출생.

　　　　　　　7월 중순경, 서울의 옛집으로 돌아오다.

　　　　　　　환도 직전, 부산에서 '후반기'의 해산이 결정됨.

1955년(30세) : 화물선 남해호의 사무장으로 미국을 여행. 귀국 후 〈조선일보〉에「19일간의 아메리카」를 기고 (5월 13일 및 17일).

　　　　　　　대한해운공사 퇴사.

　　　　　　　10월 15일『박인환 선시집朴寅煥 選詩集』출간.

1956년(31세) :「세월이 가면」,「죽은 아포롱」,「옛날의 사람들에게」등을 쓰다.

　　　　　　　3월 20일 오후 9시, 심장마비로 자택에서 사망.

　　　　　　　9월 19일, 문우들의 손으로 망우리 묘소에 시비가 세워지다.

주요 연구자료 목록

기본 자료

김경린·박인환, 『신시론』, 산호장, 1948. 4

박인환, [전후 미영의 인기 배우들], 『신천지』17, 1947

--------, [아메리카 영화 시론], 『신천지』3권1호, 1947

--------, [사르트르의 실존주의], 『신천지』30, 1948

--------, [영·미·불에 있어서 영화화한 문예작품], 『민성』40, 1950

--------, [현대시의 불행한 단면], 《주간국제》, 1952. 6. 16.

--------, 「19일간의 아메리카」, 〈조선일보〉, 1955. 5.13.

김경린·박인환, 『새로운 도시와 시민들의 합창』, 도시문화사, 1949

박인환, 『박인환 선시집』, 산호장, 1955

--------, 『목마와 숙녀』, 근역서재, 1976

--------, 『박인환시집』, 문지사, 1982

--------, 『목마와 숙녀』, 열음사, 1985

--------, 『박인환 전집』, 문학세계사, 1986

논문·기사

곽종원, 「정해 문단 회고」, 《백민》17, 1948. 1

구 상, 「종군작가단 1년」, 《전선문학》5, 1953. 5

이봉구, 「내가 알던 시인 박인환」, 《시문학》, 1956. 5

장만영, 「박인환 회고」, 『그리운 날에』, 1962

김수영, 「마리서사」, 『고요한 기대』, 창우사, 1966

박의상, 「검은 시대의 순교, 박인환의 시세계」, 《현대시학》, 1973.1

박상수, 「좌담/1950년대의 한국시」, 《심상》, 1973. 11

박귀례, 「박인환 연구」, 성신여대 대학원, 1974

독서신문사, 「박인환」, 《독서신문》191, 1974. 8. 25

김차영, 「박인환에 대한 몇 가지 추억」, 《시문학》, 1975. 6

김춘수, 「'후반기'동인회의 의의」, 《심상》, 1975. 8

김재홍, 「동인지운동의 변천」, 《심상》, 1975. 8

박철석, 「박인환론」, 《시와 의식》5, 1976

이재철, 「모더니즘 시론 소고」, 《시문학》, 1976. 9

김상태, 「박인환의 시론과 인생」, 《용광로》25, 부산공전, 1977

김규동, 「박인환론」, 《심상》, 1978. 1

이주형, 「박인환 시고」, 《국어교육연구》10, 1978

김규동, 「박인환론」, 『어려운 시대의 마지막 언어』, 백미사, 1979

오세영, 「후반기 동인의 시사적 위치」, 《文學思想》, 1981. 1

박철석, 「박인환론」, 《현대시학》, 1981. 2

장승화, 「박인환의 모더니즘의 본질과 한계」, 《한국문학논총》5, 1982

권영민, 「모든 떠나가는 것을 위하여」, 『한국대표시평설』, 문학세계사, 1983

최하림, 「문단이면사」, 〈경향신문〉, 1983. 5

이건청, 「박인환과 모더니즘적 추구」, 『한국현대시사연구』, 일지사, 1983

조선일보사, 「박인환 30주기, 미완의 시세계 다각 조명」, 〈조선일보〉, 1983. 10. 18

김경린, 「모더니즘의 실상과 역사적 발전 과정」, 『모더니즘시선집』, 청담문화사, 1986

박미용, 「박인환 시 연구」, 공주사대 교육대학원 석사학위, 1986

김정주, 「박인환론」, 『관동』18, 관동대 1987

양성우, 『박인환 시가 있는 명상노트』, 일월서각, 1987

손원상, 『박인환 시 연구』, 영남대 교육대학원 석사, 1989

김우종, 「50년대 폐허속의 서정시인」, 《자유문학》, 1989

유재천, 「박인환론」, 《배달말》14, 1989. 12

구인환, 「한국문학과 실존사상」, 《현대문학》, 1990. 5

황경숙, 『박인환 시 연구』, 효성여자대학교 석사학위, 1991

송기한, 「역사의 연속성과 그 문학사적 의미」, 『1950년대 문학연구』, 1991

한계전, 「전후 시의 모더니즘적 특성과 그 가능성」, 《시와 시학》, 1991 봄

박민수, 「박인환론」, 『비평문학』5, 한국비평문학회, 1991

윤정룡, 『1950년대 한국모더니즘 시 연구』, 서울대학교 박사학위, 1992

조영복, 『1950년대 모더니즘 시에 있어서 내적 체험의 기호화 연구』, 서울대학교 석사학위, 1992

김삼주, 「절망과 희망의 변증법」, 《시와 시학》, 백미사, 1992 가을

김 훈, 「가을, 술병의 공간성과 페시미즘」, 《시와 시학》, 1992 가을

김정임, 『박인환 시 연구』, 연세대학교 석사학위, 1993

허혜정, 『1950년대 후반기 동인의 시와 시론 연구』, 동국대학교 석사학위, 1993

최혜숙, 『박인환 시세계 고찰』, 조선대학교 석사학위, 1994

신정은, 『박인환·김수영의 1950년대 시 대비 연구』, 경북대학교 석사학위, 1994

장수철, 『박인환 시 연구』, 한양대학교 석사학위, 1996

임미화, 『박인환 시에 나타난 현실인식 연구』, 건국대학교 석사학위, 1997

조용봉, 『박인환 시 연구』, 한국외국어대학교 석사학위, 2000

최영민, 『박인환 시 연구』, 충남대학교 석사학위, 2000

김영철, 「전후 모더니즘과 후반기 동인」, 『한국 현대시의 좌표』, 건국대출판부, 2000. 3

허금주, 「박인환 시에 나타난 죽음의식 연구」, 《한국언어문화》19, 2001

이홍섭, 『박인환 시 연구』, 경희대학교 석사학위, 2001

최영환, 『박인환 시에 나타난 삶과 죽음의 양면적 성격』, 동의대학교 석사학위, 2003

단행본

이봉구, 『명동』, 삼중당, 1967

김용성, 『한국현대문학사탐방』, 국민서관, 1973

고 은, 『1950년대』, 민음사, 1973

김병익, 『한국문단사』, 일지사, 1973

김재홍, 『한국전쟁과 현대시의 응전력』, 평민사, 1978

김재홍, 『한국현대시사연구』, 일지사, 1983

이동하, 『박인환 평전』, 문학세계사, 1986

이남호, 『1950년대 시인들』, 나남, 1994

김흥규, 『한국현대시를 찾아서』, 한샘, 1996

이승훈, 『한국현대시 새롭게 읽기』, 세계사, 1996

문혜원, 『한국현대시와 모더니즘』, 신구문화사, 1996

이승훈, 『한국 모더니즘 시사』, 문예출판사, 2000

김영철, 『박인환 -한국전후문학의 기수』, 건국대학교출판부, 2000

김광균 외, 『세월이 가면』, 근역서재, 1982

윤석산, 『박인환-지금 그 사람 이름은 잊었지만』, 영학출판사, 1983

강계순, 『아! 박인환-사랑의 진실마저도 애증의 그림자를 버릴 때』, 문학예술사, 1983

李東夏, 『木馬와 淑女와 별과 사랑』, 文學世界社, 1986

이동하, 『박인환 -한국현대시인연구 12』, 문학세계사, 1993

찾아보기

일반용어

경향신문 101, 113-116, 125-127, 151
국제신보 53, 55, 130
나르시시즘 17, 151
다이모니온 50
단순 233, 237-239, 249
댄디스트 26, 145
댄디즘 18, 182
동방싸롱 158, 159,163, 164, 195, 209, 212, 229
리리시즘 169, 203
마리서사 22, 39, 43-53, 59, 62, 63, 66, 69, 80, 81, 82, 86, 87
모더니스트 16, 22, 24, 26-28, 42, 79, 195
모더니즘 41, 46, 47, 77-79, 81, 91, 93-95, 131, 132, 134, 169, 175, 176, 179, 211, 228, 233
몽마르트르 37, 42, 45, 46, 180, 181
몽파르나스 180
문예 54, 256
문장 54
문총구국단 115
문학가동맹 108
문학예술 256
문화세계 256
문화춘추 256
민성 61, 89, 93, 148
박인환 선시집 54, 55, 160-163, 209
방송협회 62, 64
보헤미안 28, 181, 220
보헤미안 템포 220
복잡 233, 237-241, 259
사상계 256
산호장 92, 160, 162, 274
삼가시인 96

새교육 75
새로운 도시와 시민들의 합창 78, 84, 94, 95, 97, 101, 131, 133, 176
새로운 도시파 100, -102, 130, 159, 194, 210
서울신문사 59, 61, 62, 75
서정주의 58, 97, 175
선시집 54, 55, 72, 58, 161, 162, 165, 166, 211, 274
센티멘털리즘 14, 97
시대고의 서구주의 97, 175
신문화 75
신세대 75
신시론 78, 84, 91-96, 130, 131, 176
신천지 59, 60-62, 75, 100, 147
신초현실주의 79
에스프리 162
엔솔러지 131
예술신문 180
이미지즘 183, 193
이카로스 157, 158
자유문학 256
자유문학상 256
자유문학자협회 256
자유신문 87, 101
자유신문사 87
조선문학건설본부 52, 108
주간국제 91, 130
주지적 169, 202
주지주의 195, 225
죽음 39, 119-123, 139, 140, 161, 162, 175, 188, 197, 209, 221, 225, 227, 233-239, 240-250, 252, 259
창조 32
청록집 96
청록파 96, 132

초현실주의 27, 43, 44, 48, 50, 81,
　　　　　223
현대문학 256
현대성 44, 79, 151, 177, 179
후반기 40, 79, 91, 102, 127, 129-134,
　　　　159, 176, 180, 209, 210

작품 :「　」-시, [　]-평론
「19일간의 아메리카」 185, 193
「거리」 53, 55, 58, 59
「검은 강」 240
「검은 신이여」 140
「고향에 가서」 119
「기적인 현대」 232
「남풍」 59
「다리 위의 사람」 204
「목마와 숙녀」 13, 169, 170,175, 196,
　　　　　　　203
「미스터 모의 생과 사」 243
[미·영·불에 있어 영화화된 문예작
품] 148
「벽」 121
「불안과 희망 사이에서」 97
「불행한 신」 249, 251
「새로운 결의를 위하여」 141
「새벽 한 시의 시」 190,201
「서부전선에서」 116
「세 사람의 가족」 72, 248
「세월이 가면」 13, 146, 159, 169,
　　　　　　203, 210, 212, 213, 217, 219,
　　　　　　253
「십오일간」 188
「아메리카 시편」 195, 196, 198, 202,
　　　　　　　203, 205
[아메리카 영화 시론] 60, 147
「어느 날」 202
「어느 날의 시가 되지 않는 시」 201
「이상평전」 230

「어떠한 날까지」 236
「어린 딸에게」 111
「여행」 184
「열차」 96, 221, 262
「영원한 일요일」 248
「옛날의 사람들에게」 257
「유엔군을 환영하는 노래」 113
「이국 항구」 202
「인도네시아 인민에게 주는 시」 96
「인천항」 96
「잠을 이루지 못하는 밤」 89
「장미의 온도」 96
「전원」 35
「정신의 행방을 찾아서」 89
「죽은 아포롱」 223, 227
「지하실」 96
「透투충혈된 눈동자」 202
「태평양에서」 188
「투명한 버라이어티」 200
「透투에베레트의 일요일」 189, 202
「한줄기 눈물도 없이」 123
[현대시의 불행한 단면] 132
「회상의 긴 계곡」 249

국내인명
고은 108, 144, 145
구상 115
김경린 41, 64, 68, 77, 78, 80, 81, 84,
　　　　91-96, 101, 102, 109, 114, 115,
　　　　124, 129, 131, 133, 134
김경희 80, 91, 131
김광균 20, 21, 22, 47, 77, 79, 81, 86,
　　　　109, 155
김광림 132
김광섭 52, 256
김광주 87, 88, 101, 106, 126, 259
김규동 41, 129, 131, 147, 160
김기림 21, 47, 79, 86, 93, 131, 132

270

김동리 86, 109, 128, 255
김동인 31, 108, 109, 219
김동환 108
김백봉 164
김병욱 47, 80, 86, 91, 95, 131
김소동 147, 151
김소운 137
김송 86, 115
김수영 24-26, 47-50, 66, 80, 84, 86, 94-96, 102, 106, 131
김승희 230
김억 52
김영랑 11, 108, 113
김용직 170
김용호 86
김유정 31
김윤성 137, 138
김은경 164
김은성 259
김이석 137, 256
김정식 31
김종문 137, 164
김차영 16, 41, 102, 114, 115, 124, 129, 131
김춘수 234, 235
김팔봉 109, 137, 256
김해경 223, 224
김훈 254
남궁연 154
노경희 163
모윤숙 109, 256
민재식 179
박광선 33-35
박남수 132
박두진 132
박목월 11, 13, 132
박연희 115
박영준 68, 116

박일영 27, 43, 47-50
박종화 53, 255
박준경 49
박태진 87, 137
백승철 97, 175, 195
백영수 164
백철 152, 163
변영로 53, 256
변호진 228
서정주 11, 178, 255
송지영 47, 53, 68, 86, 137, 213-215, 253, 259
송태주 137
양명문 137
양병식 47, 68, 80, 84, 86, 94, 95, 96, 100, 102, 106, 131, 180
양운한 93
염상섭 255
오상순 53, 163, 165
오장환 46, 50
유두연 38, 147, 151, 152
유치환 255
유한철 147
윤곤강 52
윤동주 12
윤백남 255
이광수 32, 108
이규석 163, 164
이덕진 116
이명온 164
이봉구 47, 68, 86, 87, 105, 109, 128, 158, 212, 214, 215, 226, 228, 254
이봉래 38, 129, 131, 133, 147, 159, 181, 182
이상 27, 31, 62, 79, 131, 132, 161, 222-231, 253
이상노 102, 114

이석희 62, 63, 67
이장희 31
이정숙 62-64, 66-68, 70, 72, 110, 163
이종환 108
이진섭 27, 68, 130, 147, 151, 205, 212, 214, 215, 228, 253
이한직 78, 102, 114
이형기 54, 133
임긍재 115
임동규 67
임호권 47, 80, 84, 91, 94-96, 102, 131, 261
임화 52, 108
장만영 39, 47, 79, 86, 92, 93, 109, 131
전봉래 54, 87, 128
정동윤 138
정한모 170
조광 54
조능식 164
조병화 160, 164, 259
조연현 86, 109, 128, 255
조영암 115
조지훈 132
조향 47, 102, 114, 115, 124,129-134, 162, 209
차태진 164
채성근 68
천경자 228
최상덕 116
최재덕 68, 86, 87
최재서 225
최태웅 116, 137
최하림 151, 157
함숙형 34
허백련 147
허윤석 128

황순원 128

외국인명

그리그 138
니시와키 준자부로 44
루이스 82
마리 로랑생 44-46
멜류알 44
바우(Vou) 77, 78
베를레르 12
보들레르 231
사르트르 100, 144, 145
세네카 250
셰익스피어 50, 150
쇼펜하우어 245
수잔 K 랭거 196
쉬르레알리즘 131
스티븐 스펜더 37, 42, 161, 162, 221
아쿠타가와 37, 161, 227, 228
아폴리네르 45
안자이 후유에 46
알베르 카뮈 145
앙드레 말로 143
앙드레 브르통 44, 79
에즈라 파운드 79, 193
엘리엇 49, 79, 131, 132, 141, 180, 181, 193
오든 37, 42, 181
장 콕토 50, 60, 204, 213, 214
존 드라이든 113
카프카 139
키르케고르 139
테네시 윌리엄스 220
포 113
폴 엘뤼아르 60
푸시킨 15
하루야마 유키오 61
하이데거 330
흄 27, 28